/‖‖ oekom

Climate Partner °
klimaneutral
Verlag | ID: 128-50040-1010-1082

Dieses Buch wurde klimaneutral hergestellt.
CO$_2$-Emissionen vermeiden, reduzieren, kompensieren –
nach diesem Grundsatz handelt der oekom verlag.
Unvermeidbare Emissionen kompensiert der Verlag
durch Investitionen in ein Gold-Standard-Projekt.
Mehr Informationen finden Sie unter www.oekom.de.

Bibliografische Information der Deutschen Nationalbibliothek:
Die Deutsche Nationalbibliothek verzeichnet diese Publikation in der
Deutschen Nationalbibliografie; detaillierte bibliografische Daten
sind im Internet über http://dnb.d-nb.de abrufbar.

Deutsche Erstausgabe
© der Originalausgabe »Petit traite de la decrosissance sereine«:
Librairie Arthème Fayard, 2007
© der deutschen Ausgabe:
oekom verlag, München, 2015
Gesellschaft für ökologische Kommunikation mbH,
Waltherstraße 29, 80337 München

Lektorat: Susanne Darabas
Korrektorat: Maike Specht
Umschlaggestaltung:
Torge Stoffers, Leipzig; Ines Swoboda, oekom verlag
Umschlagillustration: © corund, Shutterstock.com
Satz: Ines Swoboda
Druck: CPI books GmbH, Leck

Dieses Buch wurde auf FSC-zertifiziertem Recyclingpapier und
auf Papier aus anderen kontrollierten Quellen gedruckt,
Circleoffset Premium White, geliefert von Igepagroup,
ein Produkt der Arjo Wiggins.

Vorwort
zur deutschen Ausgabe

Seit der Nachhaltigkeitsdiskurs in einer technologischen Sackgasse feststeckt und langsam vor sich hin scheitert, ist die Wiederkehr wachstumskritischer Analysen und Gesellschaftsentwürfe nur logisch. Die schon theoretisch halbseidenen Versprechungen einer Effizienzrevolution oder einer mit erneuerbaren Ressourcen gefütterten Weltwirtschaft, die einen ökologisch gereinigten Güter- und Mobilitätswohlstand ausspeien soll, zerschellen längst auch an der Realität. Hauptsächlich zwei Gruppen von Protagonisten sind es, die dennoch an der Fortschrittsreligion eines angeblich »qualitativen« oder »intelligenten« Wachstums festhalten: Erstens jene, die davon profitieren – denken wir allein an den grünen Geldadel, den die sog. »Energiewende« entstehen ließ – und zweitens jene, die sich davor fürchten, das Publikum mit unliebsamen Wahrheiten zu überfordern.

Gegen diese Anbiederung an den expansionistischen Zeitgeist setzt sich die »Décroissance«- bzw. »Degrowth«-Bewegung zur Wehr. Serge Latouche, die Gallionsfigur der französischen Variante wachstumskritischen Aufbegehrens, kommentiert den Stand der Dinge unmissverständlich: »Degrowth oder Barberei!« Als geradezu plakativ, sogar unterkomplex müsste diese Zuspitzung wohl erscheinen, resultierte sie nicht aus dem Lebenswerk eines Ökonomen und Philosophen, der sich jahrzehntelang intensiv mit der wirtschaftswissenschaftlichen Orthodoxie, insbesondere dem daraus hervorgegangenen Entwicklungs- und Rationalitätsbegriff, auseinandergesetzt hat. Erfreulicherweise liegt jetzt die deutsche Übersetzung einer akribischen Begründung der obigen Degrowth-Parole vor. Schnell stellt sich bei deren Lektüre heraus, dass es dem Verfasser um weit mehr als eine wachstumskritische Reinterpretation des Nachhaltigkeitsbegriffs geht.

Latouche sieht Degrowth als ein emanzipatorisches Unterfangen, das sich dagegen stemmt, jegliches Denken durch einen auf Wachstum gebürsteten Ökonomismus zu kolonialisieren. Nur ein entsprechender Perspektivwechsel könne es ermöglichen, ökologische und soziale Plünderung zu beenden sowie die kulturelle Abhängigkeit des Südens vom Norden zu durchbrechen. Wachstumskritik bedeutet für Latouche immer auch, sich gegen ein wirtschaftliches Gesamtsystem aufzulehnen, das strukturell auf nicht zu rechtfertigender Bereicherung beruht. Dennoch hebt sich seine Analyse von marxistischen Vereinnahmungen des wachstumskritischen Diskurses ab. Eine allzu schlicht gezimmerte Kapitalismus-

kritik, die mit der <u>Ideologie des grünen Wachstums</u> zumeist gemein hat, von der Hauptursache für Nachhaltigkeitsdefizite abzulenken – gemeint ist das andere K-Wort, nämlich Konsumismus –, wäre unter seinem Niveau.

Spätestens hier blitzt unweigerlich ein Henne-Ei-Problem auf, das die wachstumskritische Bewegung in zwei Lager zu trennen scheint, nämlich in die System- und die Lebensstilkritiker. Was also nun: Setzt eine Transformation in Richtung Degrowth voraus, dass *zuerst* auf politisch-institutioneller Ebene entsprechende Bedingungen für sie geschaffen werden? Oder kommt es eher auf den sozio-kulturellen Wandel der Lebensstile an, sind also *zuerst* hinreichend viele autonom eingeübte Suffizienz-Praktiken vonnöten, um die von Latouche so bezeichnete »Aufwärtsspirale der Wachstumsrücknahme« in Gang zu bringen? Latouches Analyse und Position tragen dazu bei, zwischen beiden Anschauungen zu vermitteln, was sich aus jedem der drei Hauptteile des Buches extrahieren lässt.

Die von ihm im ersten Teil herausgearbeiteten Voraussetzungen für den »Teufelskreis der Konsumgesellschaft«, nämlich (1) Werbung, um Konsumbedürfnisse zu wecken, (2) Kredite, um deren Befriedigung zu finanzieren und (3) geplante Obsoleszenz, um den Bedarf obendrein physisch anzukurbeln, werden in ihrer Umkehrung zu Handlungsfeldern, die sowohl von politischen Entscheidungsträgern als auch auf individueller Ebene zum Ausgangspunkt eines reduktiven Wandels werden können. Die eine Handlungsdimension schließt die andere nicht nur nicht aus, sondern kann sie nötigenfalls ersetzen, ergänzen oder mit ihr in eine positiv rückgekoppelte Wechselwirkung treten.

Ähnlich verhält es sich mit den »großen R«, die Latouche im zweiten Teil als Grundlage für die konkrete Utopie einer Degrowth-Gesellschaft benennt: Reevaluierung, Rekonzeptualisierung, Restrukturierung, Redistribution, Relokalisation, Reduktion und Recycling. Für jedes dieser Handlungsfelder wäre nichts wünschenswerter als eine politische Instanz oder Entscheidungsgewalt, die den Degrowth-Wandel durch legislative Weichenstellungen beflügelt. Aber so unwiderlegbar, um nicht zu sagen tautologisch diese wichtigste aller Konklusionen mehr oder minder linker Systemkritik auch sein mag, so unwahrscheinlich ist ihr praktischer Vollzug, jedenfalls unter den Bedingungen zeitgenössischer Konsumdemokratien. Denn nicht nur der Prototyp des machtvollen Kapitalisten, sondern auch die gemessen an Wählerstimmen noch mächtigere Mittelschicht scheint von einer strukturell nicht weniger märchenhaften Gier beseelt zu sein – zumindest was deren praktizierte Lebensentwürfe und Freiheitsvorstellungen anbelangt. Diese global vernetzte Konsumentenklasse dominiert in Europa bereits jetzt und anderswo absehbar jeden parlamentarisch-demokratischen Prozess – soziale Netzwerke wie Twitter und Facebook machen dies (fast) überall möglich.

Dennoch spricht nichts dagegen, die Frage nach politischen Maßnahmen und Rahmenbedingungen, die eine reduktive Moderne befördern könnten, theoretisch plausibel zu beantworten – und sei es nur, um politische Entscheidungsträger zu verunsichern oder ihnen das Alibi zu nehmen, von keiner Alternative gewusst haben zu wollen. Dies erfolgt im dritten Teil des Buches. Was Latouche hier aufbietet, enthält nicht ausschließlich radikal neue Ideen; es akzentuiert überraschenderweise das seinerzeit von Pigou entwickelte Konzept einer Internalisierung externer Kosten durch eine entsprechende Steuerpolitik. Einmal mehr wird damit unweigerlich ein Dilemma sichtbar, das alle Versuche, ein politisches Degrowth- oder Postwachstumsökonomie-Programm voran zu treiben, zur Ersatzbefriedung degradiert: Je plausibler, zumal wirksamer ein Politikkonzept im Sinne einer Wachstumsrücknahme ist, desto einschneidender muss es logischerweise gegenüber vorherrschenden Konsum- und Mobilitätsroutinen sein und desto unwahrscheinlicher ist es gerade deshalb, die für seine Umsetzung nötige demokratische Mehrheit zu organisieren.

Entsprechend groß ist die Versuchung, dieses Dilemma mittels technologischer Tricks mildern zu wollen, also die Entkopplungsvision des grünen Wachstums zu bemühen ... Aber das ist ein anderer Film, in dem nur mitspielt, wer die Gesetze der Thermodynamik nicht wahrhaben will und süchtig nach einem Happy End für die Konsumepoche ist.

Dergleichen hat Degrowth nicht zu bieten, wohl aber einen ehrlicheren, wenngleich bescheideneren Zukunftsentwurf. Auf dem Weg dorthin sind nicht nur die Pathologien einer technologischen, sondern eben auch politischen Fortschrittseuphorie zu demaskieren.

Dessen ist sich Latouche bewusst. Es besticht, wie reflektiert und wenig beschönigend er die Grenzen moderner Technik- und Politikgestaltung ins Visier nimmt. Dies kann ihn indes nicht davon abhalten, auch die Fallstricke der anderen Perspektive auszuloten. Denn keine technische und politisch-institutionelle Entwicklung ist eben auch keine Lösung. Wachstumskritische Ansätze, denen – wenngleich oft zu Unrecht – zugeschrieben wird, sich puristisch auf sozial-ökologische Lebensstilkonzepte zu verengen, sind seine Sache ebenso wenig. Wichtig ist ihm, darauf hinzuweisen, dass es für eine auf Gedeih und Verderb von Wachstum abhängig gewordene Gesellschaft nichts Schlimmeres geben kann als kein Wachstum. Folglich sei die Wachstumsrücknahme nur in einer »auf Degrowth gründenden Gesellschaft« vorstellbar. Dies ausschließlich durch Appelle an den individuellen Suffizienzeifer erreichen zu wollen, dürfte momentan auf Grenzen der Zumutbarkeit stoßen; zumindest bis das nächste Krisengebräu die Erwartungshorizonte zurückschraubt.

Latouche gelingt eine Integration aller relevanten Gestaltungsdimensionen, ohne dabei die Position einer fundamentalen Systemkritik aufzugeben. Die Heftigkeit seiner Abrechnung mit dem Wachstumsdogma lässt ihn nie auch nur ansatzweise in die Nähe eines Apokalyptikers rücken. Ganz im Gegenteil gelingt es ihm, plausible Gründe für eine Aufbruchsstimmung darzulegen.

Der hier erstmals in deutscher Sprache vorgelegte Band galt schon in der französischen Originalausgabe und danach in der englischen Übersetzung als Degrowth-Pflichtlektüre, um nicht zu sagen »Kultbuch«, was immer das heißen möge. Er rekapituliert und verbindet vieles von dem, was Latouche bereits zuvor an essentiellen Vorarbeiten zur Wachstums- und Entwicklungsfrage beigesteuert hatte. Darüber hinaus entpuppt sich dieser Essay als Fundgrube an Verweisen auf frühe oder im deutschsprachigen Raum oft übersehene wachstumskritische Vordenker.

»Es reicht! Abrechnung mit dem Wachstumswahn« meistert einen mehrfachen Spagat: Wissenschaftlich analytischer Scharfsinn trifft auf eine politische Kritik, die sich nicht vor einer aufrührerischen Attitüde scheut. Theoretische und empirische, weit über den Tellerrand einzelner Disziplinen hinausreichende Beschlagenheit verbindet sich mit einer verständlichen, nicht selten sogar humorvollen Sprache. Diese Publikation ist nicht nur angesichts ihrer inhaltlichen Substanz von immenser Bedeutung, sondern weil sie die hiesige Wachstumsdebatte um erhellende Einblicke in die französische Behandlung desselben Themas bereichert. Wenn es gelingt, die verschiedenen europäischen Degrowth- oder Postwachstumsentwürfe zu kombinieren, ohne deren regionale und damit kulturelle Besonderheiten einzuebnen, zeichnet sich vielleicht ein friedlicher und menschlicher Gegenentwurf zur europäischen Wachstumsdiktatur ab.

Niko Paech
apl. Professor am Lehrstuhl für Produktion
und Umwelt, Universität Oldenburg,
Autor von »Befreiung vom Überfluss«

Vorbemerkung

>»Wenn der fundamentalistische Wachstumsglaube, der heute die Welt beherrscht, sich so weiterentwickelt, wird er als Rechtfertigung für einen naturalistischen Fundamentalismus dienen, der die Industrie als böse ansieht.« Bernard Charbonneau[1]

In einem Artikel der *Le Monde diplomatique* wurde mein Buch *Survivre au développement. De la colonisation de l'imaginaire économique à la construction d'une société alternative*[2] als Leitfaden der Wachstumsrücknahme bezeichnet.[3] Dieses Urteil war aus zwei Gründen etwas vorschnell: Erstens wurde das Projekt einer Degrowth-Gesellschaft lediglich am Schluss des Buches kurz von mir skizziert, und zweitens hatte ich eine detaillierte Analyse, wie so etwas aussehen könnte, noch gar nicht vorgenommen. In *Survivre au développement* war die Wachstumsrücknahme einer der beiden vorgeschlagenen Lösungsansätze, der andere war der »Lokalismus«. Darüber hinaus hatte ich für die Aufwärtsspirale einer dem Leben zugewandten – einer konvivialen – Degrowth-Gesellschaft erst wenige der »großen R« zusammengestellt.[4] Der schon vorhandene Begriff »Lokalismus« wurde dann in das Ensemble unter »Relokalisation« integriert, und die »Rekonzeptualisierung« kam neu hinzu. Allerdings enthielt dieser erste Entwurf noch keine Überlegungen, wie ein möglicher politischer Übergang aussehen könnte, um die Utopie der Wachstumswende im Norden umzusetzen; der Süden blieb bei der Betrachtung komplett unberücksichtigt. Ein detailliertes ausgearbeitetes Projekt der alternativen Gesellschaft erschien bereits zu einem früheren Zeitpunkt unter dem Titel *Le Pari de la décroissance*[5] und wurde von der Zeitschrift *L'Écologiste* als »Bibel«[6] der Wachstumsrücknahme bezeichnet.

So entstand nach und nach der Gedanke, einen kurzen Text zu schreiben, der quasi eine Zusammenfassung der bereits vorhandenen Analysen zum Thema »Degrowth« sein sollte. Indem ich noch einmal die wichtigsten Thesen aus *Le Pari de la décroissance* komprimiert aufgreife – dem Leser, der sich intensiver damit auseinandersetzen möchte, empfehle ich die Lektüre des Buches –, entwickle ich die Gedanken im vorliegenden Buch weiter. Es enthält neuere Entwicklungen zum Thema, vor allem Ideen, die durch Diskussionen in der Zeitschrift Entropia entstanden.[7] Es trägt dem Gedanken einer konkreten Umsetzung auf verschiedenen Ebenen Rechnung. Dieses Buch ist also viel mehr als das, »was Sie schon immer über das Thema Degrowth wissen wollten, aber bisher nicht zu fragen wagten«. Es ist ein Arbeitswerkzeug für jedermann, der sich in der Umweltpolitik oder als politischer Aktivist engagiert, vor allem auf lokaler oder regionaler Ebene.

Einleitung

»Wenn die Erde diesen großen Teil ihrer Annehmlichkeiten verlieren müsste, den sie jetzt Dingen verdankt, die mit einer unbegrenzten Vermehrung des Vermögens und der Bevölkerung unvereinbar sind […], so will ich zum Besten der Nachwelt aufrichtig hoffen, dass sie mit dem Ruhezustand zufrieden ist, lange, bevor eine Notwendigkeit sie zwingt, sich mit ihm zufriedenzugeben.« John Stuart Mill[1]

Auf dieser Erde gibt es zu viele Fragen, zumindest sieht Woody Allen das so: Woher kommen wir? Wohin gehen wir? Und was essen wir heute zu Abend? Für zwei Drittel der Menschheit ist die dritte Frage noch immer die wichtigste, doch für diejenigen von uns, die im reichen Norden leben, ist eher der Überfluss das Problem. Wir konsumieren zu viel Fleisch, zu viel Fett, zu viel Zucker, zu viel Salz. Uns drohen Diabetes, Leberzirrhose, ein erhöhter Cholesterinspiegel und Fettleibigkeit.[2] Wir täten besser daran, Maß zu halten. Die beiden anderen Fragen, die uns weniger dringlich scheinen, rücken dabei in den Hintergrund, sind aber dennoch von großer Wichtigkeit. Wir sollten nicht vergessen, dass bei den Milleniumsentwicklungszielen, die sich die internationale »Gemeinschaft« zu Beginn des dritten Jahrtausends für das Jahr 2015 setzte, an oberster Stelle die Gesundheitsvorsorge und die Bekämpfung der Armut standen, und zwar noch vor dem Kampf gegen die Umweltverschmutzung.

Wohin geht unsere Reise? Voll gegen die Wand. Wir sitzen in einem führerlosen Rennwagen ohne Bremsen und Rückwärtsgang, der an den Grenzen unseres Planeten zerschellen wird.

Dabei sind wir uns längst über die Situation im klaren. Seit Rachel Carson 1962 ihr Buch *Der stumme Frühling (Silent Spring)* veröffentlichte, haben sich viele maßgebliche Stimmen zu Wort gemeldet, sodass wir nicht behaupten können, wir wüssten von nichts. Der berühmte Bericht an den Club of Rome *Die Grenzen des Wachstums* warnte bereits 1972 vor unbegrenzten Wachstumsbestrebungen, die unvereinbar seien mit den »Grundlagen« unseres Planeten.[3] Beinahe täglich erscheinen neue beängstigende Studien, welche die Situation aus sehr verschiedenen Blickwinkeln betrachten und die damalige Einschätzung weitgehend bestätigen. Auf die *Wingspread Declaration* (1991),[4] den Appell von Paris (2003)[5] und den *Millennium Assessment Report*[6] folgten Sachstandsberichte vom zwischenstaatlichen Ausschuss über Klimaveränderung (IPCC), von spezialisierten Nichtregierungsorganisationen (NGOs) wie dem WWF, von

Greenpeace, den Friends of the Earth oder vom Worldwatch Institute. Aber auch halb vertrauliche Pentagonberichte und streng vertrauliche Studien der Bilderberg Foundation, der Bericht von Nicolas Stern für die britische Regierung, ganz zu schweigen von den Appellen verschiedener Regierungsoberhäupter wie Jacques Chirac in Johannesburg oder von Nicolas Hulot während der französischen Präsidentschaftswahlen im Jahr 2007 oder vom früheren amerikanischen Vizepräsidenten Al Gore …

Aber da unser Abendessen für heute gesichert ist, wollen wir nichts davon hören. Vor allem vermeiden wir es, uns der Frage zu stellen, woher wir kommen, nämlich aus einer Wachstumsgesellschaft. Mit anderen Worten: aus einer Gesellschaft, die von einer Wirtschaft geschluckt wurde, deren einziger Zweck das Wachstum um des Wachstums willen ist.[7] Die »Besessenheit menschlichen Tuns« oder die Begeisterung für den »Fortschritt« zu denunzieren ist kein Ersatz für die fehlende Analyse dieser kapitalistischen und technoökonomischen Handels-Megamaschine, in der wir alle mehr oder weniger willig als Rädchen funktionieren, aber bestimmt nicht als treibende Kraft. Unser System, das auf Maßlosigkeit gründet, führt uns geradewegs in eine Sackgasse. Diese Schizophrenie bringt den Theoretiker in eine paradoxe Lage: Er hat gleichzeitig das Gefühl, offene Türen einzurennen und tauben Ohren zu predigen. Zu sagen, dass exponentielles Wachstum mit einer begrenzten Welt nicht kompatibel ist und dass unsere Produktion nicht die Regenerationskapazitäten der Biosphäre übersteigen darf, ist so naheliegend, dass nur wenige widersprechen würden. Im Gegenzug ist es viel schwerer zu akzeptieren, dass die unbestreitbaren Auswirkungen von Produktion und Konsum reduziert und die Logik eines systematischen und globalen Wachstumsanstiegs (im Kern die zwanghafte Abhängigkeit des Finanzkapitals vom Wachstum) sowie unsere gesamte Lebensweise infrage gestellt werden müssen. Die Hauptverantwortlichen zu benennen grenzt schon fast an Blasphemie.

Und obwohl der Strom schon über die Ufer tritt und alles zu zerstören droht, kommt die Notwendigkeit, den Wasserstand zu regulieren, sprich: der Vorschlag einer »Wachstumsrücknahme«, immer noch nicht gut an. Doch es ist unvermeidlich, diese Idee zu akzeptieren, wenn wir uns aus der Erstarrung lösen wollen, die uns handlungsunfähig macht. Deshalb müssen wir (1) die Auswirkungen beurteilen, (2) eine Alternative zum Wahnsinn der Wachstumsgesellschaft in Form einer konkreten »Degrowth«-Utopie vorschlagen und schließlich (3) die Wege zu ihrer Realisierung ausarbeiten.

Teil I
Im Reich von Degrowth

»In den Menschen regen sich allmählich ernste Zweifel. Lässt sich wirklich zu Recht sagen, wir sollen noch mehr produzieren, damit wir noch mehr kaufen können? Diese Idee beherrscht das gesamte Wirtschaftsleben unseres Landes. Aber wie geht es weiter, wenn der Markt gesättigt ist und wir trotzdem immer weiter produzieren? Dann werden wir die Familien mit einer Werbekampagne davon überzeugen müssen, zwei Autos zu kaufen: Eines ist nicht genug. Kann man sie auch zur Anschaffung von drei Autos bringen? Wir kaufen unsere Autos, Häuser, Kühlschränke, Mäntel und Schuhe auf Kredit. Aber irgendwann kommt der Tag, an dem wir die Rechnung begleichen müssen.« Paul Hazard, *Le Malaise américain*[1]

Ein Ufo im Mikrokosmos der Politik

Im Verlauf weniger Monate erlebte der Begriff »Degrowth« einen beachtlichen Höhenflug in Politik und Medien. Nachdem die Wachstumsrücknahme als Thema lange tabu gewesen war, wurde sie zur Grundlage einer Debatte

innerhalb der Grünen,[2] in der französischen Bauerngewerk-
schaft Confédération paysanne[3] (was nicht weiter über-
rascht), bei den sogenannten Globalisierungsgegnern[4] und
sogar in der breiteren Öffentlichkeit. Degrowth war Thema
der italienischen Parlamentswahlen 2006[5] und im französischen Präsidentschaftswahlkampf[6] des Jahres 2007.[7]

Außerdem steht Degrowth im Mittelpunkt der zunehmend militanten regionalen wie lokalen Proteste gegen
Großprojekte. In Italien zog der Widerstand inzwischen wei-
te Kreise: im Susa-Tal gegen den gigantischen Tunnel für die
Hochgeschwindigkeitsstrecke Lyon–Turin, gegen den Bau
der Riesenbrücke über die Straße von Messina, gegen das
M.O.S.E.-Projekt mobiler Flutschleusen zum Schutz der
venezianischen Lagune, gegen Müllverbrennungsanlagen (in
Trient und anderswo), gegen Kohlekraftwerke in Civita-
vecchia. In Frankreich konnte sich der Widerstand gegen
Großprojekte – Kohlekraftwerke, den Kernfusionsreaktor
ITER (International Thermonuclear Experimental Reactor)
und Verkehrsprojekte – wegen der Zentralisierung und der
Allmacht der Verwaltung weniger gut koordinieren und ent-
wickeln, doch auch hier greift er allmählich um sich.[8]

In Italien und Frankreich und neuerdings auch in Belgien
und Spanien bilden sich spontan wachstumskritische Gruppen, die Demonstrationen und Protestmärsche organisieren
und Netzwerke einrichten. Außerdem ist der wachstumskritische Ansatz Grundlage von individuellen wie gemeinschaft-

lichen Aktionen. Hierzu gehört die Cambiaresti-Bewegung, die sich für eine »ausgewogene Bilanz« oder, mit anderen Worten, für einen fairen ökologischen Fußabdruck einsetzt und der allein in Venetien 1.300 Familien angehören. Oder sogenannte Ökodörfer oder -siedlungen, die AMAP (Associations pour le Maintien d'une Agriculture Paysanne), die Vereinigung zum Erhalt einer bäuerlichen Landwirtschaft sowie die G.A.S. (die Gruppi di Acquisto Solidale), die »Solidarischen Einkaufsgruppen«, eine Bewegung aus Italien: Sie alle sind Verbraucherzusammenschlüsse, die einen bewusst schlichten Lebensstil propagieren.[9, 10]

Das Erscheinen dieses Phänomens im Mikrokosmos der Politik ist vergleichbar mit dem eines Ufo und erregt immer mehr Aufsehen in den Medien, das Thema ist mittlerweile sogar in den Talkshows angekommen. Während sich einige um seriöse Information bemühen,[11] sprechen sich andere sogleich ohne große Überlegung dafür oder dagegen aus bzw. geben verzerrte Darstellungen der wenigen vorhandenen Analysen. Doch was steckt wirklich hinter dem Konzept der Wachstumsrücknahme? Gehört es zur ökologischen Bewegung für Nachhaltigkeit? Wo liegt sein Ursprung? Brauchen wir es wirklich? Dies sind die Fragen, die am häufigsten gestellt werden.

Was bedeutet Degrowth?

»Degrowth« oder Wachstumsrücknahme ist ein politisches Schlagwort mit theoretischen Implikationen. Paul Ariès nennt es ein »Wort mit Schlagkraft«, das die Phrasendrescherei der Produktionssüchtigen verstummen lässt.[12] Da die Umkehr eines falschen Konzepts nicht unbedingt ein besseres zur Folge haben muss, propagiere ich Wachstumsrücknahme nicht um der Wachstumsrücknahme willen. Das wäre letzten Endes ebenso absurd wie die Glaubenssätze jener, die Wachstum um des Wachstums willen beschwören.  Mit dem Schlagwort »Degrowth« soll in erster Linie ausgedrückt werden, dass wir uns vom Ziel des exponentiellen Wachstums verabschieden müssen, da dieses Ziel nur für die Profitgier der Kapitaleigner steht – mit verheerenden Folgen für die Umwelt und damit auch für die Menschheit. Die Gesellschaft wird im Interesse des Produktionsprozesses zu einem Instrument oder Mittel reduziert, und die Menschen selbst werden zum Abfallprodukt eines Systems deklariert, das sie am liebsten als nutzlos und überflüssig ansehen will.[13]

Degrowth oder Wachstumsrücknahme, so wie ich es verstehe, bedeutet etwas anderes als »negatives Wachstum«, ein absurder Widerspruch in sich, aber ein deutlicher Hinweis darauf, wie wir von der Vorstellungswelt rund um Wachstum bestimmt werden.[14] Wie wir wissen, könnte die schlichte Verlangsamung des Wachstums die Säulen unserer Gesellschaft zum Wanken bringen, die Zahl der Arbeitslosen in die

Höhe treiben und die Auflösung von Sozial-, Gesundheits-, Erziehungs-, Kultur- und Umweltprogrammen nach sich ziehen, die uns ein unverzichtbares Mindestmaß an Lebensqualität sichern. Die schrecklichen Folgen, die ein negatives Wachstum mit sich brächte, lassen sich leicht ausmalen! So, wie es nichts Schlimmeres gibt als eine auf Arbeit basierende Gesellschaft ohne Arbeit, kann es nichts Schlimmeres geben als eine auf Wachstum basierende Gesellschaft ohne Wachstum. Doch jener soziale und zivilisatorische Rückgang ist genau das, was uns bevorsteht, wenn wir unseren Kurs nicht ändern. Und deswegen lässt sich Degrowth auch nur in einer »auf Degrowth gründenden Gesellschaft« vorstellen, mit anderen Worten: vor dem Hintergrund eines Systems, das sich auf ein neues Denken stützt. Die wahre Alternative lautet mithin: Degrowth oder Barbarei!

Streng genommen müssten wir aus theoretischer Sicht anstelle von *De*-growth eigentlich von *A*-growth sprechen, im Sinne von A-theismus. Und es gilt tatsächlich, einen Glauben oder eine Religion aufzugeben – den Glauben an die Wirtschaft, an Fortschritt und Entwicklung – sowie die irrationale und fast schon götzenhafte Verehrung des Wachstums um des Wachstums willen.

So ist »Degrowth« zunächst einmal nichts anderes als ein Banner, unter dem sich die radikalen Kritiker der Wachstumspolitik versammeln,[15] um die Umrisse eines alternativen politischen Konzepts für die Postwachstumsära zu entwickeln.[16] Ziel ist der Aufbau einer Gesellschaft, die uns ein besseres Leben mit weniger Arbeit und weniger Konsum ermöglicht.[17] Dies ist ein notwendiger Schritt, wollen wir Raum schaffen für den Einfallsreichtum und die Kreativität der vom entwicklungs- und fortschrittshörigen wirtschaftlichen Totalitarismus unterdrückten Vorstellungskraft.

Der Kampf um Worte und Ideen

Man hat oft versucht, »Degrowth« mit dem Etikett »nachhaltige Entwicklung« zu vereinnahmen, zweifellos um ihm sein subversives Potenzial zu nehmen. Dabei wurde der Begriff entwickelt, um die Augenwischerei und Verwirrung zu vermeiden, die der inflationär gebrauchte Begriff der »Nachhaltigkeit« hervorruft. Inzwischen klebt dieses Etikett sogar schon auf den Kaffeepackungen von Lavazza. Ein weiteres Indiz dafür, dass Nachhaltigkeit, wie so viele andere Begriffe, zur Vernebelung benutzt wird, finden wir in den Aussagen von Topmanagern wie Nestlés Generaldirektor: »Nachhaltigkeit lässt sich ganz einfach definieren: Wenn Ihr Urgroßvater, Ihr Großvater und Ihre Kinder treue Nestlé-Kunden bleiben, haben wir Nachhaltigkeit hergestellt. Und dies gilt für mehr als fünf Milliarden Menschen auf der Welt.«[18] Oder des Generaldirektors der französischen Einzelhandelskette Leclerc, Michel-Éduard Leclerc: »Der Begriff [Nachhaltigkeit] ist so weit gefasst, dass er sich auf alles und jeden anwenden lässt. Wir können von uns behaupten, dass wir uns auf die gleiche Weise für Nachhaltigkeit einsetzen wie jeder andere auch. Außerdem ist es inzwischen ein Modewort, in den Unternehmen ebenso wie in der gesellschaftlichen Diskussion. Na und? Schon immer haben sich Kaufleute gute Slogans zunutze gemacht.«[19]

Wir müssen uns darüber im klaren sein, dass der Begriff »nachhaltige Entwicklung« auf der Definitionsebene ein Pleonasmus (à la weißer Schimmel) und auf der inhaltlichen ein Oxymoron (einen Widerspruch in sich) darstellt. Pleonasmus, weil die Entwicklung, wie (Walt Whitman) Rostow sie definiert, bereits an sich *self-sustaining growth* (selbsterhaltendes Wachstum) bezeichnet. Und er ist ein Oxymoron, weil Entwicklung selbst weder nachhaltig noch unnachhaltig ist.[20]

Eines muss deutlich gesagt werden: Bei dem Problem geht es nicht um »Nachhaltigkeit« als Begriff, der in gewissem Sinne auf das vom Philosophen Hans Jonas eingeforderte »Prinzip Verantwortung« und das Vorsorgeprinzip verweist – ein Prinzip, das von den Akteuren der Entwicklung fröhlich ignoriert wird: von der Atomwirtschaft, den Herstellern genveränderter Pflanzen und Pestizide, den Nutzern von Mobiltelefonen und nicht zu vergessen von der EU mit ihrer Chemikalienverordnung (REACH).[21] Die Liste der Verantwortungslosigkeiten ließe sich auch hier endlos fortsetzen. Entwicklung ist ein hochgiftiger Begriff, ungeachtet aller Beiworte, mit denen man diesen Umstand zu beschönigen sucht.[22] Und innerhalb der nachhaltigen Entwicklung hat man einen Weg zur Quadratur des Kreises gefunden, nämlich »saubere Entwicklungsmechanismen«, womit Technologien gemeint sind, die Energie oder Kohlenstoff sparen und daher als ökologisch gelten. Dabei ist das eher eine verschleiernde Umschreibung. Die begrüßenswerten und nicht zu leugnenden Fortschritte dieser Technologien können nicht darüber hinwegtäuschen, dass wir es mit einer selbstzerstörerischen Entwicklung zu tun haben. Nach wie vor tauscht man lieber das Etikett aus, als den Inhalt zu verändern ...

Der Klassenkampf und die politischen Auseinandersetzungen vollziehen sich ebenfalls in der Arena des verbalen Schlagabtauschs. Wir wissen, dass man uns durch Verführung in ein ethnozentrisches und ethnozides Wirtschaftsmodell gelockt hat, verbunden mit einem brutalen Kolonialismus und Imperialismus, alles in allem eine »Vergewaltigung der Phantasie«, wie es Aminata Traoré so treffend genannt hat.[23]

Der Kampf um Begriffe wird selbst dann ausgetragen, wenn es lediglich um die Etablierung scheinbar minimaler semantischer Nuancen geht. Gegen Ende der 1970er Jahre etwa schien der Begriff »nachhaltige Entwicklung« über den der »ökologischen Entwicklung« zu siegen. Eingeführt wurde er auf der UN-Umweltkonferenz in Stockholm 1972, und zwar auf Druck der US-amerikanischen Industrielobby und durch die persönliche Intervention von Henry Kissinger.

Zweifellos verbergen sich hinter diesem Gerangel bedeutende Meinungsdifferenzen, unterschiedliche Weltanschauungen und divergierende Interessen, nicht nur auf intellektueller Ebene.[24] So meint Hervé Kempf zu Recht, die fast schon rituell in jedes politische Programm eingebaute Forderung nach »nachhaltiger Entwicklung« habe einzig die Funktion, »die Höhe der Profite zu erhalten und durch unmerkliche Richtungsänderungen eine Umstellung unserer Verhaltensweisen zu verhindern«.[25] Das Konzept einer »alternativen Entwicklung« oder eines »alternativen Wachstums« sei aber entweder ausgesprochen naiv oder ziemlich heuchlerisch. Erinnern wir uns nur, wie sich der Präsident der Europäischen Kommission, Sicco Mansholt, nachdem er den ersten Bericht an den Club of Rome gelesen hatte, mutig daranmachte, das Gelernte umzusetzen, und der Brüsseler Politik eine andere Richtung geben wollte. Als es darum ging, den Wachstumsbegriff zu hinterfragen, wandte sich der französische EU-Kommissar Raymond Barre in aller Öffentlichkeit dagegen, und man einigte sich schließlich auf die Forderung nach einem menschlicheren und gerechteren Wachstum. Immerhin … Aber wir wissen, was als Nächstes geschah. Der damalige Generalsekretär der Kommunistischen Partei Frankreichs verteufelte das »monströse Programm« der Europäischen Wirtschaftsgemeinschaft. Seitdem hat sich einiges getan. Laut Bernard Saincy, Funktionär der französischen Arbeitergewerkschaft CGT (die der Kommunistischen Partei nahesteht), änderte sich im Jahr 2006 die Ausrichtung, als sich die Gewerkschaft in ihrem neuen Programm für eine nachhaltige Entwicklung aussprach und dies mit der Wendung »dem Wachstum einen neuen Inhalt geben« ausdrückte.[26]

Es gilt zu unterscheiden zwischen »Entwicklung« und »Wachstum« als Phänomen einer konkreten Realität (Bevölkerung, Kartoffelernten, Müllmengen, Schadstoffe in der Umwelt), die äußerst wünschenswert (oder gerade nicht wünschenswert) sein können, und jener Wirtschaftsentwicklung und jenem Wachstum, die für ein abstraktes Konzept der wirtschaftlichen Dynamik stehen, die letztlich Selbstzweck ist. Es ist nicht verwunderlich, wenn die beiden verwechselt werden, die von der herrschenden Ideologie gestiftete Verwirrung hat System.

Trotzdem, wenn die andere Welt, die wir uns so sehr wünschen, nicht so aussieht wie die, in der wir leben, ist es an der Zeit, dass wir unsere Vorstellungen dekolonialisieren. Denn es ist keineswegs sicher, dass uns noch weitere 30 Jahre bleiben.

Die zwei Quellen des Degrowth

Der Begriff »Degrowth« – Wachstumswende oder -rück-
nahme – taucht in Debatten über Wirtschaft, Politik und
Gesellschaft erst seit jüngerer Zeit auf, doch die Ideen, die
er transportiert, haben bereits eine längere Geschichte. Sie
wurzeln einerseits in der *kulturalistischen*, andererseits in
der *ökologischen* Kritik der Ökonomie. Die »thermoindustrielle« Gesellschaft hat so viel Leid und Ungerechtigkeit
über die Welt gebracht, dass sie vielen von Anbeginn nicht
als wünschenswerte Welt erschien. Die Industrialisierung
und die Technik haben noch bis vor wenigen Jahren, abgesehen von der Bewegung des Luddismus,[27] zwar wenig Kritik
erfahren, aber der *Homo oeconomicus* wurde als anthro-
pologische Grundlage der Ökonomie in Theorie und Praxis
von allen Zweigen der Sozial- und Geisteswissenschaften als
reduktionistisch gebrandmarkt.[28] Sowohl die theoretische
Basis wie die praktische Umsetzung (die moderne Gesellschaft) wurden von Soziologen wie Émile Durkheim und
Marcel Mauss, von Anthropologen wie Karl Polanyi und
Marshall Sahlins und von Psychoanalytikern wie Erich
Fromm und Gregory Bateson infrage gestellt. Das Projekt einer auf Autonomie und Sparsamkeit gegründeten Gesellschaft, für die das Schlagwort »Degrowth« steht, ist nicht
erst gestern entstanden. Ohne bis zu entsprechenden Utopien
der Frühsozialisten[29] oder auf die anarchistische Tradition,
die vom Situationismus wiederbelebt wurde, zurückzugrei-

fen, wurden solche Entwürfe seit den 60er Jahren von André Gorz, François Partant, Jacques Ellul, Bernard Charbonneau und vor allem von Cornelius Castoridis und Ivan Illich[30] skizziert. Das Scheitern der wirtschaftlichen Entwicklung des Südens und der Orientierungsverlust im Norden veranlassten diese Denker, die Konsumgesellschaft und ihre vermeintlichen Grundlagen infrage zu stellen: den Fortschritt, die Wissenschaft und die Technik.

Diese Kritik führte zur Suche nach einer »Postentwicklung«. Das wachsende Bewusstsein der Umweltkrise hat dem eine neue Dimension hinzugefügt: Nicht nur, dass die Wachstumsgesellschaft keine wünschenswerte Welt schafft, sie ist auch nicht nachhaltig!

Das Gespür dafür, dass dem Wachstum materielle Grenzen gesetzt sind, geht ohne Zweifel auf Malthus (1766–1834) zurück, aber erst Sadi Carnot gab ihm mit seinem Zweiten Hauptsatz der Thermodynamik (1824) eine wissenschaftliche Grundlage. Die Tatsache, dass die Umwandlung von Energie in ihre verschiedenen Formen (Wärme, Bewegung etc.) nicht völlig reversibel ist – weil man hier auf das Phänomen der Entropie stößt –, kann nicht ohne Auswirkungen auf eine Wirtschaft bleiben, die auf diesen Umwandlungen beruht. Unter den Pionieren einer Anwendung der thermodynamischen Gesetze auf die Ökonomie muss man besonders Serhij Podolynskyj hervorheben: Mit seiner energetischen Betrachtungsweise Vordenker einer ökologischen Ökonomie, wollte er den Gedanken eines schonenden Umgangs mit der Umwelt in den Sozialismus einführen.[31] Doch erst in den 1970er Jahren war die Frage der Ökologie innerhalb der Ökonomie entwickelt worden, hauptsächlich durch die Arbeit des großen rumänischen Wissenschaftlers und Ökonomen Nicholas Georgescu-Roegen. Er erkannte die bioökonomischen Implikationen des Entropiegesetzes, mit denen sich zwischen 1940 und 1950 ansatzweise schon Alfred Lotka, Erwin Schrödinger, Norbert Wiener und Léon Brillouin beschäftigt hatten.[32] Die Wirtschaft, so stellt Nicholas Georgescu-Roegen fest, hat sich das Modell der klassischen Mechanik Newtons zu eigen gemacht und damit die Unumkehrbarkeit der Zeit ausgeklammert. Sie vernachlässigt dabei die Entropie, das heißt die Irreversibilität der Umwandlungen von Energie und Materie. Die Folge ist, dass Abfall und Verschmutzung, obwohl durch wirtschaftliche Aktivität entstanden, nicht in die Berechnung der Produktionskosten einfließen.

Das letzte Band mit der Natur wurde um 1880 zerschnitten, als man aufhörte, die Erde bei diesen Berechnungen mitzuberücksichtigen. Da es nun keinen Bezug mehr zu einer biophysikalischen Grundlage gab, sahen die meisten neoklassischen Theoretiker keine ökologischen Grenzen mehr für die Wirtschaftsproduktion. Die Folge? Die gedankenlose Verschwendung der knappen Ressourcen und die mangelnde Nutzung der im Überfluss vorhandenen Sonnenenergie. »Die derzeitige neoklassische Wirtschaftstheorie«, so Yves Cochet,

»maskiert ihre Ignoranz gegenüber den fundamentalen Gesetzen der Biologie, der Chemie und der Physik, insbesondere gegenüber den Gesetzen der Thermodynamik, durch mathematische Eleganz.«[33] Sie ist ökologischer Unfug.[34] Kurz, der reale ökonomische Prozess ist im Unterschied zum theoretischen Modell kein rein mechanischer und reversibler Prozess; er ist von seiner Natur her *entropisch* und entfaltet sich in einer Biosphäre, deren Abläufe zeitlich nicht umkehrbar sind.[35] Daraus ergeben sich für Nicholas Georgescu-Roegen die Unmöglichkeit eines unendlichen Wachstums in einer endlichen Welt und die Notwendigkeit, die traditionelle Wirtschaftswissenschaft durch eine *Bioökonomie* zu ersetzen, das heißt, die Wirtschaft im Rahmen der Biosphäre zu denken. So kam es, dass eine seiner auf Französisch erschienenen Aufsatzsammlungen den Ausdruck »décroissance« im Titel führt.[36]

Kenneth Boulding ist einer der wenigen Ökonomen, die daraus Konsequenzen ziehen. In einem 1973 erschienenen Artikel stellt er eine »Cowboyökonomie«, in der die Maximierung des Konsums auf der Ausbeutung und Ausplünderung der natürlichen Ressourcen beruht, der »Raumfahrerökonomie« gegenüber, in der »die Erde ein einzigartiges Raumschiff geworden ist, das keine unendlichen Reserven besitzt, die man abbauen oder verschmutzen könnte«.[37] Wer glaubt, dass in einer endlichen Welt unendliches Wachstum möglich sei, so sein Fazit, kann nur verrückt sein – oder Ökonom.

Süchtig nach Wachstum

»Händlern und Werbetreibenden geht es nur darum, Bedürfnisse in einer Welt zu schaffen, die in Waren versinkt. Das erfordert eine immer schnellere Rotation und einen immer schnelleren Konsum der Produkte, also immer mehr Produktion von Abfall, dessen Entsorgung somit auch immer wichtiger wird.« *Bernard Maris*[38]

Unsere Gesellschaft hat ihr Schicksal an eine Organisation des Lebens geknüpft, die sich auf unbegrenzte Anhäufung gründet. Es ist ein System, das zum Wachstum verurteilt ist. Sobald sich das Wachstum verlangsamt, sobald es stockt, stürzen wir in die Krise, bricht Panik aus. Man hört den alten Marx: »Akkumuliert! Akkumuliert! Das sind die Gesetze und Propheten!« Diese Unausweichlichkeit macht aus dem Wachstum ein »eisernes Korsett«. Arbeitsplätze, Renten, Staatsausgaben (Bildung, Sicherheit, Justiz, Kultur, Verkehr, Gesundheit etc.), sie alle setzen die ständige Erhöhung des Bruttoinlandsprodukts (BIP) voraus. Wachstum sei das einzige Mittel gegen Arbeitslosigkeit, hämmerte uns Sarkozy ein,[39] und viele andere Staatsmänner und -frauen der Welt führen diese Litanei fort. Aber am Ende wird aus der Aufwärtsspirale ein Teufelskreis … Das Leben des Arbeiters ist normalerweise nichts anderes als das eines »Verdauungsapparats, der Waren benutzt, um seinen

Lohn zu verdauen, und seinen Lohn, um Waren zu verdauen; er pendelt zwischen Fabrik und Supermarkt hin und her«.[40]

Drei Dinge sind nötig, um den Teufelskreis der Konsumgesellschaft komplett zu machen: (1) Werbung, die das Bedürfnis für den Konsum erst schafft, (2) Kredit, der ihn ermöglicht, und eine (3) beschleunigte und geplante Obsoleszenz der Produkte, die den Bedarf ankurbelt. Diese drei Antriebsfedern der Wachstumsgesellschaft sind die wahren »Anstifter zum Verbrechen«.

Die Werbung lässt uns begehren, was wir noch nicht haben, und macht uns madig, was wir schon genießen. Wieder und wieder erzeugt sie Unzufriedenheit und den Druck aufgestauter Bedürfnisse. Laut einer Umfrage unter den größten amerikanischen Unternehmen räumen 90 Prozent ein, ohne Werbekampagne kein neues Produkt verkaufen zu können; 85 Prozent erklären, dass Werbung »häufig« Menschen dazu bewegt, Dinge zu kaufen, die sie gar nicht benötigen; und 51 Prozent sagen, dass Werbung die Menschen dazu bringt, Dinge zu kaufen, die sie eigentlich gar nicht haben wollen.[41] Es geht nicht mehr um die Güter des Grundbedarfs. Die Nachfrage richtet sich nicht mehr auf *Nützliches*, sondern auf *Nutzloses*.[42] Die Werbung ist ein wesentliches Element im selbstmörderischen Teufelskreis des exponentiellen Wachstums. Die Ausgaben für Werbung weltweit stehen gleich hinter denen des Militärs an zweiter Stelle, und ihre Gier ist unersättlich: 145,8 Milliarden Euro in den Vereinigten Staaten, weltweit 441,6 Milliarden Euro pro Jahr.[43] Was für eine gigantische materielle, visuelle, auditive, mentale und spirituelle Vermüllung! Das System der Werbung »bemächtigt sich der Straße, erobert den öffentlichen Raum – entstellt ihn –, eignet sich alles an, was öffentliche Bedeutung hat, die Wege, die Städte, die Verkehrsmittel, die Bahnhöfe, die Sportstätten, die Strände, die Feste«.[44] Fernseh- und Rundfunksendungen werden durch Werbung zerstückelt, die Kinder und Jugendlichen manipuliert und in Verwirrung gestürzt, immer mehr Wälder werden abgeholzt – und am Ende zahlen die Konsumenten die Rechnung.

Geld und Kredit (unerlässlich, damit auch jene konsumieren, deren Einkommen nicht ausreicht, und damit auch Unternehmen, die nicht genug Kapital haben, investieren können) haben im Norden eine mächtige »Diktatur« des Wachstums errichtet, diese wirkt sich aber im Süden noch viel zerstörerischer und tragischer aus.[45] Giorgio Ruffolo hat sehr treffend vom »Terror des Zinseszinses« gesprochen.[46] Mit welchen Ausdrücken man ihn auch bemäntelt – Rendite (*return on equity*), Aktionärswert (*shareholder value*) –, mit welchem Mittel auch immer man versucht, ihn zu erhalten, indem man unerbittlich die Kosten drückt (*cost killing, down sizing*), Gesetze erzwingt, die einen perfiden Eigentumsbegriff ermöglichen (zum Beispiel Patente auf Lebewesen), oder Monopole errichtet (Microsoft), immer geht es um Profit, den Motor der Marktwirtschaft und des Kapitalismus in all seinen Spielarten. Diese Jagd nach Profit um jeden Preis wird durch die Ausdehnung von Produktion, Konsum und Kostensenkungen ermöglicht. Die neuen Helden unserer Zeit sind die *cost killers*, jene Manager, um die sich die multinationalen Konzerne reißen und denen sie dicke Aktienpakete, Boni und goldene Fallschirme bieten. Zumeist an *business schools* ausgebildet, die man besser »Schulen für ökonomische Kriegführung« nennen sollte, verstehen es diese Strategen bestens, Lasten auf andere abzuwälzen, auf ihre Angestellten, auf Subunternehmer, auf die Länder des Südens, ihre Kunden, den Staat und den Steuerzahler, auf die zukünftigen Generationen und vor allem auf die Natur, die Lieferant von Rohstoffen und Müllhalde zugleich ist. In jedem Kapitalisten, jedem Kapitalgeber, auch in jedem *Homo oeconomicus* (und das sind wir letztlich alle), steckt auch ein gewöhnlicher »Krimineller«, der sich mehr oder weniger mit der »ökonomischen Banalität des Bösen« einverstanden erklärt.[47]

Victor Lebow, ein amerikanischer Marktanalytiker, durchschaute die Logik des Konsumismus bereits 1950. »Unsere ungeheuer produktive Wirtschaft verlangt, dass wir den Konsum zu unserer Lebensform machen … Wir können gar nicht anders, als Dinge zu verbrauchen und zu verbrennen, sie immer schneller und schneller zu ersetzen und wegzuwerfen.«[48]

Mit der geplanten Obsoleszenz gibt die Wachstumsgesellschaft dem Konsumismus die perfekte Waffe an die Hand.

In immer kürzeren Abständen gehen unsere Maschinen und unsere Gerätschaften, Glühbirnen und Brillen kaputt, weil irgendeine Kleinigkeit darauf ausgelegt ist zu versagen. Unmöglich, ein Ersatzteil zu bekommen oder eine Reparatur durchführen zu lassen. Gelingt es einem doch, solch ein rares Ersatzteil aufzutreiben, ist die Reparatur teurer als der Neukauf (obwohl es zum Hungerlohn in einem Ausbeuterbetrieb in Südostasien fabriziert wurde). So kommt es, dass Berge von Computern, Fernsehern, Kühlschränken, Geschirrspülmaschinen, DVD-Geräten und Handys in Mülltonnen und auf Deponien landen, wo sie auf vielfältige Weise die Umwelt zu verschmutzen drohen: Jedes Jahr werden 37 Millionen Tonnen Elektromüll zum Ausschlachten in die Dritte Welt verfrachtet, die Schwermetalle und andere Giftstoffe enthalten (Quecksilber, Nickel, Cadmium, Arsen, Blei).[49, 50]

Auf die genannten Weisen sind wir zu »Süchtigen« des Giftstoffs Wachstum geworden. Die Giftstoffabhängigkeit des Wachstums ist keineswegs nur eine Metapher. Sie zeigt sich in vielerlei Gestalt. Der konsumistischen Bulimie der Supermärkte und Warenhäuser entspricht die Arbeitssucht der Manager, der *Workaholics*, die notfalls mit Überkonsum von Antidepressiva und laut englischen Studien nicht selten auch durch Kokain beflügelt werden, denn Spitzenmanager wollen natürlich immer und jederzeit »Spitze« sein. Der maßlose Konsum des zeitgenössischen »turbokonsumistischen« Individuums mündet in ein beschädigtes oder paradoxes

Glück.[51] Noch nie hat die Menschheit einen solchen Grad an Verkommenheit erreicht. Die Industrie der »Tröstungsmittel« sucht vergebens Linderung zu schaffen.[52, 53] Ohne auf die Details dieser »durch den Menschen erzeugten Krankheiten« einzugehen, kann man nicht umhin, sich der Diagnose von Professor Belpomme anzuschließen: »Das Wachstum ist zum Krebsgeschwür der Menschheit geworden.«[54]

Die Grünalge und die Schnecke

Glaubt denn irgendjemand wirklich, dass es auf einem begrenzten Planeten grenzenloses Wachstum geben kann? Gewiss, unsere Erde ist kein geschlossenes System – zum Glück. Die Sonne spendet ihre unverzichtbare Energie. Doch auch wenn man die Sonnenenergie erheblich besser nutzen würde, die Menge bliebe begrenzt und könnte weder die verfügbare Oberfläche vergrößern noch unsere Rohstoffvorräte auffüllen. Und doch gibt es Ökonomen, die uns versichern: »Solange die Sonne scheint, gibt es, ›wissenschaftlich‹ gesehen, keine unüberwindbare Schranke für die ökonomische Aktivität auf der Erde, abgesehen natürlich von den ökologischen Katastrophen, die möglicherweise durch ebenjene menschliche Aktivität ausgelöst werden.« Und daraus ziehen sie den Schluss: »Unsere einzige Chance, rechtzeitig [diesen Funktionsstörungen] entgegenzusteuern, besteht darin, die Umwelt noch besser zu verstehen und zu beherrschen. Also die Denaturierung der Welt weiter voranzutreiben.«[55] Wachstum allein ermöglicht uns also angeblich erst den Luxus der Wachstumsrücknahme![56]

Die Hybris, die Maßlosigkeit des Beherrschers und Besitzers der Natur, hat die antike Weisheit der Einbindung in eine vernünftig genutzte Umwelt verdrängt. Im Delirium der Quantität sind wir dazu verdammt, unter dem »Terror des Zinseszinses« der Nichtnachhaltigkeit anheimzufallen. Man könnte es das Theorem der Grünalge nennen:[57]

Angeregt durch den übermäßigen Gebrauch von chemischen Düngemitteln durch die umliegenden Landwirte, lässt sich eines Tages eine kleine Grünalge in einem sehr großen See nieder. Obwohl ihre jährliche Wachstumsrate hoch ist und in geometrischer Progression mit dem Faktor 2 steigt, interessiert sich niemand für sie. Bei jährlicher Verdoppelung wird der See ja auch erst in dreißig Jahren von der Grünalge bedeckt sein; am Ende des vierundzwanzigsten Jahrs sind erst drei Prozent der Oberfläche besiedelt! Ohne Zweifel wird man unruhig werden, wenn sie die Hälfte der Oberfläche kolonisiert hat, denn dann droht dem See Eutrophierung – das Leben im See erstickt. Nachdem es Jahrzehnte gedauert hat, bis es so weit kam, bleibt jetzt allerdings nur noch ein Jahr, bis der See unwiderruflich stirbt.

Genau an diesem Punkt stehen wir: Die Grünalge hat bereits die Hälfte unseres Sees besiedelt. Wenn wir nicht rasch und entschlossen handeln, erwartet uns bald der Erstickungstod. In der Annahme eines geometrischen Wirtschaftswachstums hat der Westen jedes Maß verloren. Bei einer jährlichen Steigerungsrate des Bruttoinlandsprodukts von 3,5 Prozent (durchschnittliche Steigerung in Frankreich zwischen 1949 und 1959) erhöht sich die Wirtschaftsleistung im Verlauf eines Jahrhunderts auf das 31-Fache und in zwei Jahrhunderten auf das 961-Fache![58] Mit einem Wachstum von zehn Prozent, wie es in China zu beobachten ist (bzw. war), erhält man eine Steigerung um das 736-Fache in nur einem Jahrhundert![59] Bei einer Wachstumsrate von drei Prozent steigert sich das BIP pro Jahrhundert um das 20-Fache, um das 400-Fache in zwei Jahrhunderten und um das 8.000-Fache in drei Jahrhunderten![60] Wenn das Wachstum automatisch zu Wohlstand führen würde, müssten wir heute schon längst in einem wahren Paradies leben ... Davon kann jedoch, global gesehen, bei Weitem nicht die Rede sein.

Unter diesen Umständen wäre es dringend erforderlich, die Weisheit der Schnecke zu entdecken. Sie kann uns nicht bloß die dringend benötigte Langsamkeit lehren, sie hat noch eine viel wichtigere Lektion für uns. »Die Schnecke«, erklärt uns Ivan Illich, »fügt der zerbrechlichen Architektur ihres Gehäuses immer breitere Windungen hinzu, hört aber irgendwann schlagartig damit auf und begnügt sich mit ein paar abschließenden Schnörkeln. Eine einzige noch größere Windung würde das Schneckenhaus um das 16-Fache vergrößern. Anstatt für die Schnecke von Vorteil zu sein, würde dies die Kreatur mit einem enormen Gewicht belasten, sodass jegliche Steigerung seiner Produktivität durch die Schwierigkeiten wettgemacht werden würde, die ein Wachstum über jede Zweckdienlichkeit hinaus mit sich bringt. Ab einem gewissen Punkt führt eine weitere Vergrößerung der Windungen dazu, dass sich die Probleme des zu großen Wachstums mit geometrischer Progression steigern, während die biologische Kapazität der Schnecke allenfalls zu einer arithmetischen Steigerung fähig ist.«[61] Dieser Abschied der Schnecke von der geometrischen Logik, der sie eine Weile lang gefolgt ist, zeigt uns den Weg in eine Gesellschaft des Degrowth, die möglicherweise auch eine heitere und gesellige ist.[62]

Ein untragbarer ökologischer Fußabdruck

Unser *Hyperwachstum* stößt an die Grenzen der endlichen Biosphäre. Die Regenerationsfähigkeit der Erde hält nicht mehr mit dem Bedarf Schritt: Der Mensch verwandelt die Ressourcen schneller in Abfall, als die Natur diesen Abfall wieder in neue Ressourcen umwandeln kann.[63]

Nimmt man als Indiz für die Umweltbelastung durch unsere Lebensweise ihren ökologischen Fußabdruck auf der Landfläche oder im bioproduktiven Raum, den wir benötigen, kommt man zu unhaltbaren Resultaten sowohl im

Hinblick auf die Gerechtigkeit der Naturnutzung wie auch in Bezug auf die Belastungsfähigkeit der Biosphäre. Die Fläche des Planeten Erde ist begrenzt. Sie umfasst 51 Milliarden Hektar bzw. 510 Millionen Quadratkilometer. Der »bioproduktive« Raum, das heißt die für unsere Reproduktion nutzbare Fläche, macht lediglich einen Bruchteil dessen aus, nämlich etwa 12 Milliarden Hektar.[64] Geteilt durch die gegenwärtige Zahl der Weltbevölkerung von etwa 7 Milliarden (Stand: 2013), ergibt das etwa 1,7 Hektar pro Kopf. Berücksichtigt man auch den Bedarf an Material und Energie und die für die Aufnahme von Abfällen und Nebenprodukten von Herstellung und Konsum notwendigen Flächen (für die Absorption des bei der Verbrennung von einem Liter Benzin frei werdenden CO_2 werden fünf Quadratmeter Wald ein ganzes Jahr hindurch benötigt!) und fügt man dem noch die Fläche für die Unterkunft der Menschen und die Infrastruktur hinzu, beträgt laut Forschern des kalifornischen Instituts Redifining Progress und des World Wide Fund for Nature (WWF) der aktuelle durchschnittliche Flächenbedarf 2,7 Hektar pro Kopf.[65] Damit hat die Menschheit bereits den Punkt überschritten, bis zu dem die Zivilisation in ihrer jetzigen Form aufrechterhalten werden kann, denn dazu müsste sie sich auf 1,7 Hektar beschränken – vorausgesetzt, die Weltbevölkerungszahl bleibt auf dem gegenwärtigen Stand. Wir leben auf Kredit. Außerdem verbergen sich in dem Durchschnittswert enorme Unterschiede. Ein Bürger der Vereinigten Staaten beansprucht um das Jahr 2000 in etwa 9,6 Hektar, ein Kanadier 7,2, ein Franzose 5,3 und ein Italiener 3,8 Hektar.[66] Selbst wenn man davon ausgeht, dass die zur Verfügung stehende bioproduktive Fläche in jedem Land einen anderen Umfang hat, sind wir sehr weit von einer gerechten Verteilung entfernt. Jeder Amerikaner verbraucht etwa 90 Tonnen verschiedene Rohstoffe, ein Deutscher 80, ein Italiener 50 (etwa 137 kg pro Tag).[67] Mit anderen Worten, die Nutzung der Biosphäre durch den Menschen übersteigt deren Regenerationsfähigkeit bereits um fast 30 Prozent. Wenn die ganze Welt leben würde wie die Europäer, benötigten wir drei Planeten; um unseren amerikanischen Freunden zu folgen, sogar sechs.

Wie ist das möglich? Zwei Phänomene sind dafür verantwortlich. Zum einen begnügen wir uns wie der verlorene Sohn nicht damit, von unserem Einkommen zu leben, sondern wir verprassen unser Erbe. Wir verbrennen in Jahrzehnten, was der Planet im Lauf von Millionen Jahren akkumuliert hat. Unser jährlicher Kohle- und Ölverbrauch verschlingt eine unter der Erdkruste angehäufte Biomasse, die sich im Lauf von 100.000 Jahren durch Photosynthese gebildet hat.[68] Zum anderen erhalten wir im Norden massive Hilfe von den Ländern des Südens. In den meisten Ländern Afrikas nutzen die Menschen weniger als 0,2 Hektar bioproduktiver Fläche, also ein Zehntel dessen, was auf dem übrigen Planeten üblich ist, versorgen uns aber dennoch mit

Futter für unser Vieh. So muss ein Hektar Wald gerodet werden, um eine Tonne gepresstes Sojafutter für Rinder herzustellen. Wenn wir bis 2050 nicht eine andere Richtung einschlagen, werden unsere ökologischen Schulden, das heißt die Summe der Defizite, 34 Jahren biologischer Produktivität des gesamten Planeten entsprechen.[69] Auch wenn die Menschen in Afrika den Gürtel noch enger schnallen würden, wir werden keine 34 Planeten finden, um diese Schulden zu begleichen!

Wir sind zwar bereits im 18. Jahrhundert auf diese schiefe Bahn geraten, aber die ökologischen Schulden sind jüngeren Datums. Weltweit sind sie zwischen 1960 und 1999 von 70 Prozent des Planeten auf 120 Prozent angewachsen.[70]

Um die Artenvielfalt zu wahren, ist außerdem von entscheidender Bedeutung, dass wir einen Teil der Produktionskapazität der Biosphäre dem Überleben anderer Arten, insbesondere Wildtieren, vorbehalten. Diese Reserven müssen gleichmäßig auf die verschiedenen biogeografischen Zonen und die wichtigsten Biome verteilt sein.[71] Da dieser reservierte Anteil mindestens 10 Prozent der bioproduktiven Fläche ausmachen sollte,[72] wäre es sinnvoll, sofort ein Moratorium zu verhängen, um das, was noch zur Verfügung steht, eben für jene Tier- und Pflanzenarten zu reservieren.

ie guten Seiten der Zukunft

In »Es reicht!« fordert Frankreichs berühmtester Linksintellektueller eine radikale »Absage an die Religion der Ökonomie«. Latouche plädiert für einen politischen und wirtschaftlichen Mix aus Schrumpfung und Regionalisierung sowie die Übertragung aller echten Kosten auf die Verursacher »ökologischer und sozialer Funktionsstörungen«: die Unternehmen. Ein politisches Manifest!

ca. 208 Seiten
Hardcover
14,95 Euro [D]
15,40 Euro [A]
ISBN
978-3-86581-707-5

Auch als E-Book erhältlich

»Befreiung vom Überfluss« ist zugleich Motto und Programm des renommiertesten deutschen Wachstumskritikers Niko Paech. In seiner gleichnamigen Streitschrift entlarvt er »grünes Wachstum« und »nachhaltigen Konsum« als Nebelkerzen und stellt ihnen sein Programm einer Postwachstumsökonomie entgegen – denn »souverän ist nicht, wer viel hat, sondern wenig braucht.«

160 Seiten
Hardcover
14,95 Euro [D]
15,40 Euro [A]
ISBN
978-3-86581-181-3

Auch als E-Book erhältlich

Eine falsche Lösung:
das Bevölkerungswachstum reduzieren

Lässt sich das Problem der ökologischen Nachhaltigkeit nicht einfach damit lösen, dass ein Teil der Gleichung verkleinert wird, bis wir zu einem geeigneten Fußabdruck zurückgefunden haben? Jedenfalls wird diese bequeme Lösung von konservativen Geopolitikern empfohlen. Am 10. November 1974 schrieb Henry Kissinger in seinem geheimen Memorandum 200 über die »Folgen des weltweiten Bevölkerungswachstums für die Sicherheit der Vereinigten Staaten und ihre Interessen im Ausland« (»Implications of Worldwide Population Growth for US Security and Overseas Interests«): Um die amerikanische Vormachtstellung in der Welt aufrechtzuerhalten und den Amerikanern freien Zugang zu den strategischen Rohstoffen auf dem gesamten Planeten zu garantieren, sei es notwendig, die Bevölkerung von 13 Ländern der Dritten Welt (Indien, Bangladesch, Nigeria …) zu begrenzen, ja zu verringern, bevor deren demografisches Gewicht ihnen dazu verhelfe, eine wichtige Rolle in der internationalen Politik zu spielen. Um dieses Ziel zu erreichen, müssten die Führer der Dritten Welt politische Anreize bekommen, die Methoden der Geburtenkontrolle zu akzeptieren (wobei gleichzeitig darauf zu achten sei, dass derlei Druck nicht als eine Form des »wirtschaftlichen oder rassischen amerikanischen Imperialismus« erscheine). Und wenn sich das als unwirksam erweise, müsse man eben zu Zwangsmaßnahmen greifen.

Maurice H. King, einer der für demografische Strategien Verantwortlichen, teilte diese Ansicht und argumentierte, dass, sollte es mit der Familienplanung nicht funktionieren, man die Armen sterben lassen solle, weil sie eine ökologische Bedrohung darstellten. Der amerikanische Autor William Vogt trat schon in den 1950er Jahren für eine drastische Reduzierung der Bevölkerung ein: »Ein Krieg mit Bakterien im großen Stil wäre, energisch geführt, ein probates Mittel, der Erde ihre Wälder und Weiden zurückzugeben.«[73] Der Gedanke an eine »finale Lösung« des ökologischen Problems durch demografische Maßnahmen stützt sich auf simple Grundsätze wie: Ein endlicher Planet ist mit einer unendlichen Bevölkerungszahl nicht vereinbar.

David Nicholson-Lord zufolge lautet die Wahrheit, die zu verbreiten er sich bemüht, »dass ökologischere Lebensweisen zwar etwas verändern könnten, ein Leben ohne jegliche Auswirkungen aber eine Schimäre sei und die Zahl der Erdbewohner eine enorme Rolle spiele. Die Studien zum ökologischen Fußabdruck, die Andrew Ferguson vom Optimum Population Trust durchgeführt hat, zeigen, dass auch dann noch das 1,8-Fache unseres Planeten gebraucht würde, wenn die seinerzeit sechs Milliarden Menschen einem gemäßigt westlichen, ausschließlich auf erneuerbaren Energien beruhenden Lebensstil folgten.«[74] In den 1970er Jahren warnte François Meyer in seinem Buch *La Surchauffe de la croissance*, die exponentielle Beschleunigung des Bevölkerungswachstums mache, neben anderen Faktoren, eine logistische Lösung, die uns zu einem gewissen Gleichgewicht führen könnte, unmöglich.[75] Angesichts von 135 Millionen Quadratkilometer ausgelaugter Böden stellte er folgende Berechnung auf: Um 1650 betrug die Fläche, die einem Individuum theoretisch zur Verfügung stand, 0,28 km², im Jahr 1970 waren es nur noch 0,04 km², also siebenmal weniger, und 2070 werden es aller Wahrscheinlichkeit nur noch 0,011 Quadratkilometer sein, also wiederum etwa viermal weniger, womit die bioproduktive Fläche nicht mehr zum Überleben reicht.

Im Gegensatz dazu wird in einer ebenso mechanistischen, allerdings optimistischen Sichtweise darauf hingewiesen, dass in den zweieinhalb Jahrhunderten, in denen die Weltbevölkerung von einer auf sechs Milliarden anwuchs, die Produktivkräfte um mehrere hundert Prozent zunahmen. Statistisch ist demnach jeder Einzelne dieser sechs Milliarden Menschen hundertmal reicher als sein Vorfahr. Also bestehe kein Anlass zur Sorge.

Wie viele Menschen werden wir im Jahr 2050 sein, in jener symbolischen (und willkürlich gewählten) Stunde der Wahrheit, wenn sich die Auswirkungen des Klimawandels akkumuliert haben, am Ende des Ölzeitalters (und der Fischbestände),[76] in der Zeit vorhersehbarer ökonomischer und Finanzmarktkrisen? Zwölf bis vierzehn Milliarden, wie es der Club of Rome vor über 35 Jahren in seinem ersten Bericht vorhergesagt hat? Neun Milliarden gemäß der Analy-

sen, die sich auf den demografischen »Wandel« stützen? Viel
weniger, wenn die Unfruchtbarkeit der menschlichen Spezies
aufgrund fortpflanzungsgefährdender Substanzen weiterhin
fortschreitet und die Menschheit auf ihre Auslöschung zu-
geht? Schwer, hier Voraussagen zu treffen. Laut Professor
Belpomme sind fünf Szenarien denkbar, wie die Menschheit
aussterben könnte: »durch einen gewaltsamen Selbstmord
wie etwa einen Atomkrieg [...], den Ausbruch extrem schwerer Krankheiten, zum Beispiel eine Pandemie oder Unfruchtbarkeit aufgrund eines nicht reversiblen demografischen
Verfalls [...], durch die Erschöpfung der natürlichen Ressourcen [...], die Zerstörung der Artenvielfalt [...] und
schließlich durch die extremen physikalisch-chemischen Veränderungen unserer anorganischen Umwelt wie das Ver-
schwinden des stratosphärischen Ozons und den zunehmenden Treibhauseffekt«.[77]

Allerdings gehen solche Überlegungen an dem Haupt-
problem vorbei: der Logik der Maßlosigkeit unseres Wirt-
schaftssystems. Wenn diese einmal überwunden ist und der
unvermeidliche Paradigmenwechsel stattgefunden hat, kann
die demografische Frage angegangen und mit größerer Gelas-
senheit gelöst werden. Wir unterliegen keinen festen Zwän-
gen. Wegen des übermäßigen Fleischkonsums der Reichen,
im Übrigen Ursache zahlreicher Krankheiten und ökologischer Schäden, werden über 33 Prozent der landwirtschaftlich nutzbaren Fläche des Planeten (zusätzlich zu den 30 Pro-

zent der über dem Meeresspiegel liegenden natürlichen Weideflächen)[78] für die Produktion von Viehfutter verwendet. Ein Zurückfahren der Viehzucht, mit der auch eine bessere Behandlung der Tiere möglich wäre, würde die Ernährung von mehr Menschen auf eine dazu noch gesündere Art und Weise ermöglichen und die CO_2-Emissionen vermindern.[79] Man kann Jean-Pierre Tertrais nur zustimmen: »Es hat wenig Sinn, über mathematische Aspekte der Variationen der menschlichen Spezies zu spekulieren: Die Bevölkerungszahlen müssen noch in diesem Jahrhundert auf ein stabiles Niveau gebracht werden. Die zentrale Frage ist vielmehr, ob dies einfach aufgrund der Ereignisse geschehen wird, durch eine autoritäre Politik, durch Zwangsmaßnahmen oder Barbarei oder ob es auf einer freien Entscheidung beruhen wird, auf der Weigerung, die Geburtenrate durch eine sogenannte aufgeklärte Elite kontrollieren zu lassen.«[80] Ich möchte das Schlusswort hierzu einem Spezialisten für unsere klugen Vettern, die Bonobos, überlassen. »[A]ngesichts einer wachsenden Weltbevölkerung«, schreibt Frans de Waal, »stellt sich nicht so sehr die Frage, wie wir mit der drangvollen Enge umgehen, sondern ob wir die Ressourcen fair und gerecht verteilen können.«[81] Das ist die Herausforderung, vor die uns die Abkehr von der Wachstumsideologie stellt.

Die Zerstörung der Politik durch die Wachstumsideologie

In der Zeit des Wirtschaftswunders war es unmöglich, die schädlichen Folgen von Wachstum und Entwicklung anzuprangern, es sei denn im Süden, wo sie zum Verfall der lokalen Kultur, der Einebnung von Unterschieden und zu Verarmung führten. Obwohl in der Konsumära des Nordens nicht von wirtschaftlicher Verarmung geredet werden konnte, nahmen Kulturverlust und Entpolitisierung rasant zu. Manche lieferten mehr oder weniger treffende Analysen des Phänomens und prangerten es an, etwa Pier Paolo Pasolini oder Guy Debord. Die Zerstörung von Städten in Friedenszeiten und die damit einhergehende Verdrängung der neuen Mittelschichten und Immigranten an die Peripherie (in Übergangsunterkünfte, große Wohnblocks oder Sozialwohnungen), zunehmende Macht und wachsender Einfluss der Massenvermarkter (Supermärkte und Einkaufszentren), des Autos und des Fernsehens untergruben zunächst unbemerkt den zivilgesellschaftlichen Bürgersinn, schufen eine quasi unsichtbare »Parallelbevölkerung« ohne eigene Stimme, die sich bereitwillig durch skrupellose Medien mit Verbindungen zu multinationalen Konzernen beeinflussen ließ. Die Globalisierung vollendete die Zerstörung der Lebenskultur, indem sie die Menschen bewog, aus den Innenstädten wegzuziehen, und den Sozialabbau förderte. Diese Entwicklungen haben einer populistischen, korrupten, wenn nicht sogar kriminellen politischen Klasse den Weg geebnet. Eine Karikatur dieser Elite konnten wir in der Person des italienischen Ministerpräsidenten Berlusconi beobachten. Aber die Berlusconisierung – mit oder ohne den »Cavaliere« – treibt ihr Unwesen in ganz Europa und darüber hinaus. Die »zufriedene Mehrheit«, ein Begriff von Kenneth Galbraith,[82] hat diesen Übergang ebenso energisch wie klammheimlich betrieben. Sie entstand, als die Mittelschichten vom Prinzip der Solidarität abrückten und sich dem Dogma des Egoismus verschrieben, während sich die westlichen Länder der neoliberalen Konterrevolution zuwandten, die den Wohlfahrtsstaat abschaffte. Deshalb bedeutet die Abkehr vom Wachstum, dass auch die Politik auf eine neue Grundlage gestellt werden muss.

Teil II
Degrowth –
eine konkrete Utopie

»Besser leben heißt von nun an, anders zu produzieren und zu konsumieren, aus weniger Besseres und mehr zu machen, als Erstes die Quellen der Verschwendung zu beseitigen (Beispiel: die überflüssigen Verpackungen, die schlechte Wärmeisolierung, die Beherrschung der Straßen durch den Gütertransport etc.) und die Haltbarkeit der Produkte zu erhöhen.« André Gorz[1]

Die Abkehr vom Wachstum – eine Revolution

Mehr als je zuvor werden im Namen der Wirtschaftsentwicklung die Bevölkerungen ganzer Länder und ihr konkretes, lokales Wohlergehen auf dem Altar eines abstrakten, an keinen Ort mehr gebundenen Wohlstands geopfert. Das »Volk« aber, dem dieses Opfer gebracht werden soll, ist nur ein mythisches, körperloses. Die eigentlichen Profiteure sind die »Protagonisten der Entwicklung« (die multinationalen Konzerne, die politischen Entscheidungsträger, die Technokraten und die Mafia). Wachstum ist heute nur rentabel, wenn seine Kosten auf die Natur, zukünftige Generationen, die Konsumenten, die Beschäftigten und vor allem die Länder des Südens abgewälzt werden. Deshalb ist der Bruch mit der Wachstumsideologie notwendig. Jeder oder fast jeder stimmt dem zu, aber keiner wagt den ersten Schritt. Alle modernen Regime stützen sich auf die Steigerung der Produktivität: Republiken, Diktaturen, totalitäre Systeme, Regierungen aus dem rechten wie linken Spektrum – liberal, sozialistisch, populistisch, sozialliberal, sozialdemokratisch, radikal, kommunistisch oder die politische Mitte vertretend. Sie alle betrachten das Wirtschaftswachstum als unverzichtbaren Eckstein ihres nicht hinterfragbaren Systems. Der unabdingbare Kurswechsel kann jedoch nicht durch eine einfache Wahl und die Einsetzung einer neuen Regierung oder die Schaffung einer neuen Mehrheit erreicht werden. Notwendig ist etwas viel Radikaleres: nicht mehr und nicht weniger als eine kulturelle Revolution, die ein neues politisches Fundament schafft.

Die Konturen einer möglichen Gesellschaft ohne Wachstum zu skizzieren ist eine Vorbedingung für jedes politische Programm, das den gegenwärtigen ökologischen Anforderungen gerecht werden will.

Das Projekt »Degrowth« ist somit eine Utopie, das heißt eine Quelle der Hoffnung und der Träume. Doch weit davon entfernt, sich ins Reich der Fantasie zu flüchten, versuchen dessen Vertreter, die objektiven Möglichkeiten einer Umsetzung auszuloten. Daher kann man von einer »konkreten Utopie« im positiven Sinne sprechen, wie Ernst Bloch sie verstanden hat.[2] »Ohne die Annahme, dass eine andere Welt möglich ist, gibt es keine Politik, sondern nur die bürokratische Verwaltung von Menschen und Dingen.«[3] Die Abkehr vom Wachstum ist also ein politisches Projekt im strengsten Sinn des Wortes. Es geht darum, im Norden wie im Süden autonome, sparsame, solidarische Gesellschaften aufzubauen, wobei es sich jedoch nicht um ein Programm im Sinne einer zu wählenden Partei handelt: Es soll nicht im Rahmen der Politik um der Politik willen stattfinden, sondern der Politik ihre Würde zurückgeben. Das Projekt beruht auf der realistischen Analyse der Situation, ist jedoch nicht auf unmittelbar umsetzbare Ziele gerichtet, vielmehr muss zunächst eine umfassende kohärente Theorie erarbeitet werden. Erst dann folgt die Agenda. So sind der Kreis der »großen R« und die daraus sich ergebenden Perspektiven zu verstehen. Gehen wir die Etappen dieses Transformationsprozesses durch (wobei es sich nicht um dasselbe handelt wie die konkreten Phasen, die in Teil III dieses Buchs untersucht werden), und verweilen ein wenig länger bei denen, die von »strategischer« Bedeutung sind. In der Praxis stehen diese Stadien – glücklicherweise – in ständiger Wechselwirkung miteinander, was uns ermöglicht, auch die Veränderungen zu beobachten, die noch nicht Teil des theoretischen Konzepts sind.

Die Aufwärtsspirale der echten Wachstumswende

In den 1960er Jahren trumpften die Wirtschaftsprofessoren und Technokraten gern mit der Aufwärtsdynamik des Wachstums auf. Diese Zeit des Wirtschaftswunders, in Frankreich als die »Trente Glorieuses«, die drei ruhmreichen Nachkriegsjahrzehnte, in die Geschichte eingegangen, ist dem gewichen, was kritische Ökonomen als »die drei jämmerlichen Jahrzehnte« bezeichnen. In Wirklichkeit aber war jenes Wirtschaftswunder, zieht man die Bilanz der Schäden, die an Natur und Menschheit angerichtet wurden, eine »katastrophale Epoche«, wie der »planetarische Gärtner« Gilles Clément sie nannte.[4] Letztlich haben sich die sogenannten Aufwärtsspiralen in vielerlei Hinsicht sogar als ihr Gegenteil erwiesen. Das Klimachaos, das uns heute bedroht, ist das Ergebnis des Irrsinns jener Zeit. Bei der zum Aufbau einer autonomen Degrowth-Gesellschaft notwendigen Aufwärtsspirale hingegen handelt es sich um einen Prozess der echten, dem Leben zugewandten und nachhaltigen Abkehr vom Wachstum. Diese neue Dynamik besteht aus einem Ensemble von zusammenhängenden und sich gegenseitig verstärkenden Schritten, die ich als die »großen R« bezeichnen möchte: Reevaluation, Rekonzeptualisierung, Restrukturierung, Redistribution, Relokalisation, Reduktion und Recycling.[5]

Reevaluation. Unsere Gesellschaften beruhen auf alten »bürgerlichen« Werten und Einrichtungen: Ehrlichkeit, Staatsdienst, Weitergabe von Wissen, Stolz auf gute Arbeit etc. Aber »diese Werte sind, wie allgemein bekannt, inzwischen lächerlich geworden, [...] es zählen nur die Geldmenge, die man, egal wie, eingestrichen hat, und die Häufigkeit der Auftritte im Fernsehen.«[6] Oder mit den Worten Dominique Belpommers: »Die Kehrseite des Systems offenbart eine Megalomanie des Einzelnen, die Ablehnung jeder Moral, Bequemlichkeit und einen Hang zum Komfort, Egoismus«[7]. Man sieht sofort, welche Werte gefördert werden müssen, nämlich jene, die den gegenwärtig vorherrschenden Werten (beziehungsweise dem Werteverlust) entgegengesetzt sind. Altruismus müsste Vorrang vor Egoismus haben, Kooperation vor zügelloser Konkurrenz, Freizeitgenuss und das Ethos des Spielens vor der Arbeitssucht, Sozialleben vor unbegrenztem Konsum, das Lokale vor dem Globalen, Selbstbestimmung vor Fremdbestimmung, die Freude an guter Arbeit vor der Produktionseffizienz, das Vernünftige vor dem Rationellen, das Zwischenmenschliche vor dem Materiellen und so weiter. »Wahrheitssuche, Gerechtigkeitssinn, Verantwortung, Respekt vor der Demokratie, Freude an der Vielfalt, Solidarität, Geistesleben: Das sind die Werte, die wir um jeden Preis zurückerobern müssen, denn sie bilden die Grundlage unserer Selbstentfaltung und der Sicherung unserer Zukunft.«[8]

Der Philosoph John Dewey veurteilte die »Kultur des Geldes« und warf der Institution Schule vor, sie führe das

Kind in die Welt des Wettbewerbs ein, statt ein Versuchslabor für Bürgersinn zu sein.[9] Was hätte er wohl angesichts der gegenwärtigen Kommunikationsgesellschaft mit ihrer ausufernden manipulativen Werbung quer durch alle Bevölkerungsschichten gesagt? »So undenkbar es ist, dass eine ›Gesellschaft des Konsums‹ fortbestehen könnte, wenn ihre Bürger ein asketisch-mönchisches Leben führten«, schrieb François Brune, »so unvorstellbar ist auch eine funktionierende Degrowth-Gesellschaft, deren Mitglieder bis in ihre tiefsitzendsten Reflexe vom Bild und der ›Lebensweise der Konsumgesellschaft‹ geprägt sind.«[10]

Vor allem aber müssen wir uns von dem Glauben verabschieden, wir müssten die Natur beherrschen, und uns stattdessen bemühen, im Einklang mit ihr zu leben. Nicht mehr wie Raubtiere leben, sondern wie Gärtner ... Für ökologisch denkende Christen kommt das einem elften Gebot gleich: »Du sollst die Natur als göttliche Schöpfung respektieren.«[11] Die technologische, prometheische Weltsicht, der zufolge wir das Universum nach unserem Gutdünken umgestalten können, ist eine Form der Missachtung der Welt und des Seins.[12]

Rekonzeptualisierung. Wertewandel bedeutet, die Welt aus einer anderen Perspektive zu sehen und somit die Realität anders wahrzunehmen. Rekonzeptualisierung, man könnte auch sagen: Neudefinition oder »den Dingen eine neue Dimension geben«, ist beispielsweise hinsichtlich unserer Vorstellungen von Reichtum und Armut vonnöten,[13] aber auch bei dem heimtückischen Begriffspaar, das eine der Säulen der Wirtschaftsideologie bildet und dringend dekonstruiert werden muss: Knappheit und Überfluss. Wie Ivan Illich und Jean-Pierre Dupuy gezeigt haben, verwandelt die Wirtschaft die natürliche Fülle in Knappheit, indem sie im Prozess der Aneignung der Natur und ihrer Vermarktung künstlich Mangel und Bedürfnisse erzeugt.[14] Ein Beispiel hierfür aus jüngerer Zeit: Nach der Privatisierung des Wassers kam die Aneignung des Lebendigen schlechthin, die genetische Manipulation von Organismen. Den Bauern wird die natürlich gegebene Fertilität der Pflanzen geraubt, damit das Agrobusiness seine Profite machen kann. »Die Vorstellungskraft des Marktes«, meint Bernard Maris, »ist unermesslich. Wie ein Kuckuck nistet er sich in alles ein, was kostenlos ist. Er vertreibt Menschen, versieht das Kostenlose mit einem Stempel, mit einem Logo, einer Marke, einem Preisschild und verkauft es weiter.«[15] Die von Wirtschaftswissenschaftlern postulierte Knappheit wird zu einer sich selbst erfüllenden Prophezeiung, und selbst wenn wir uns für ein anderes Wirtschaftssystem entscheiden, stehen wir vor der Erschöpfung vieler natürlicher Ressourcen.

Restrukturierung. Restrukturieren bedeutet, das Produktionssystem und die sozialen Beziehungen an den Wertewandel anzupassen. Die Restrukturierung muss umso radikaler ausfallen, je zerrütteter die vorherrschenden Werte in ihrer Gesamtheit sind. Die Zielrichtung muss eine Degrowth-

Gesellschaft sein. Damit aber stellen sich die ganz konkrete Frage nach dem Ausweg aus dem Kapitalismus, der wir uns später zuwenden werden, sowie die Frage nach dem Umbau des Produktionssystems, das dem Paradigmenwechsel angeglichen werden muss.[16]

Redistribution. Die Neugestaltung der sozialen Beziehungen ist an sich bereits eine Form der Redistribution oder Umverteilung, nämlich der Reichtümer und des Zugangs zu unserem Naturerbe, von den Ländern des Nordens in die des Südens sowie innerhalb der einzelnen Gesellschaften zwischen den Schichten, Generationen und einzelnen Personen.

Diese Umverteilung wird eine zweifach positive Wirkung auf die Verminderung des Konsums haben. Eine unmittelbare, indem die Macht und die Mittel der »weltumspannenden Konsumelite« und insbesondere von Macht und Reichtum der großen Abzockeroligarchie beschnitten werden. Und eine indirekte, indem der Anreiz zum Konsum um des Images willen abnimmt. Laut der klassischen Analyse von Thorstein Veblen hat Konsum weniger mit einem Bedürfnis zu tun als mit dem Wunsch, den eigenen Status zu bekräftigen, indem man diejenigen nachahmt, die auf der sozialen Leiter direkt über einem stehen.[17]

Die Umverteilung zwischen dem Norden und den Ländern des Südens wirft enorme Probleme auf. Wir haben gegenüber dem Süden eine riesige »ökologische Schuld« aufgehäuft.[18] Diese zu begleichen, indem wir die Natur weniger ausbeuten, wäre nur gerecht. Dabei handelt es sich, wie wir noch sehen werden, weniger darum, etwas zu geben, sondern eher darum, weniger zu nehmen.[19]

Der ökologische Fußabdruck (den man je nach Aktivität oder Konsumart differenzieren könnte) ist ein gutes Instrument, um zu bestimmen, welche »Entnahmerechte« jeder besitzt. Ich könnte mir »Märkte« für diese Rechte auf verschiedenen Ebenen vorstellen, um den Tausch von Quoten und Konsumgenehmigungen zu fördern. Natürlich geht es nicht darum, noch ein wenig mehr Natur zu vermarkten, vielmehr könnten auf diese Weise die Rechte und Beschränkungen reibungsloser verwaltet werden. Wie an anderen Stellen besteht auch hier die gegenwärtige Aufgabe darin, endlich zu handeln.

Relokalisierung. Damit ist natürlich gemeint, dass vorwiegend auf lokaler Ebene produziert werden sollte. Die meisten Produkte zur Bedürfnisbefriedigung der Bevölkerung könnten in verbrauchernahen Fabriken hergestellt werden, die durch kollektive Ersparnisse finanziert würden. Daher sollte die Produktion für lokale Bedürfnisse auch im lokalen Raum stattfinden. Ideen sollten Grenzen frei überwinden, aber der Transport von Waren und Kapital muss auf das Notwendigste beschränkt werden. Wenn wir eine echte Degrowth-Gesellschaft aufbauen wollen, ist Relokalisierung nicht nur ein ökonomisches Thema: Auch Politik, Kultur und der Sinn des Lebens müssen wieder auf ihre lokalen Wurzeln zurückgeführt werden. Dazu gehört auch, dass ökonomische, politische und kulturelle Entscheidungen ebenfalls auf lokaler Ebene getroffen werden müssen, wo immer das möglich ist.

Reduzieren. »Reduzieren« bedeutet zunächst einmal, eine Produktions- und Konsumptionsweise zu entwickeln, die sich weniger auf die Biosphäre auswirkt. Dabei geht es vor allem darum, unseren Überkonsum zu beschränken und unsere Wegwerfmentalität abzulegen: 80 Prozent der auf den Markt gelangenden Güter werden, wenn überhaupt, nur ein einziges Mal benutzt, bevor sie direkt in den Abfalleimer geworfen werden![20] Gegenwärtig (Stand: 2013) produziert die Weltbevölkerung 3,5 Millionen Tonnen Müll pro Tag.[21] Die Industrieländer in Europa und Nordamerika führen die Spitze an. Im Durchschnitt produziert ein Mensch in den Vereinigten Staaten 675 Kilogramm Hausmüll pro Jahr, ein Europäer 522 Kilogramm.[22] Auch in anderen Bereichen wäre ein Weniger wünschenswert, von den Gesundheitsrisiken bis hin zur Arbeitszeit. Prävention und Vorsorge müssten ausgebaut werden, statt nur für die Behandlung von Krankheiten zu sorgen!

Eine weitere notwendige Rücknahme müsste im Massentourismus stattfinden. Das goldene Zeitalter der Kilometerfresserei ist vorbei. Als Richard Branson, der britische Milliardär und Inhaber der Firma Virgin, den Weltraumtourismus für alle öffnen wollte,[23] erkannte selbst die markt-

gläubige *Financial Times*: »Der Tourismus wird in der weltweiten Öffentlichkeit mehr und mehr als Umweltfeind Num-
mer eins betrachtet.«[24] Zweifellos gehören der Wunsch zu
reisen und die Freude am Abenteuer zum Wesen des Menschen und sind eine Quelle der Bereicherung, die nicht zum
Versiegen gebracht werden sollte. Aber die legitime Neugier
und Wissbegierde werden von der Tourismusindustrie aus-
genutzt, um Reisen zu einem vermarktbaren Konsumgegen-
stand zu machen, der der Umwelt, der Kultur und dem
Sozialgefüge der »Zielländer« schadet. Die »Reisesucht«, unsere Manie, immer schneller, immer häufiger (und immer
billiger) in immer entferntere Gebiete zu reisen, dieses durch
das »übermoderne« Leben künstlich geschaffene Bedürfnis,
das von den Medien noch angestachelt, von den Reiseagen-
turen, den Reiseveranstaltern und den Touranbietern gefördert wird, muss heruntergeschraubt werden. Man kann sich
zu Recht fragen, ob der »Ökotourismus«, der als ethisch,
fair oder verantwortungsvoll deklariert und als Alternative
zum Massentourismus vorgeschlagen wird, nicht ein ähn-
licher Widerspruch in sich ist wie nachhaltige Entwicklung:
Zielt er nicht darauf ab, das Überleben eines kommerziellen, in die Kritik geratenen und kritikwürdigen Gewerbes
zu verlängern? Dass der Ökotourismus zur »Entwicklung«
des Südens beitrage, ist nur ein Alibi, eine Täuschung. Laut
Artisans du Monde verbleiben bei einer Pauschalreise im
Wert von 1.000 Euro weniger als 200 Euro im Gastgeber-

land. Angesichts von Ölknappheit und Klimawandel müssen wir die Zukunft des Reisens ganz anders denken: immer weniger weit, immer seltener, immer langsamer und immer teurer. Und ehrlich gesagt, ist das nur wegen der Leere und der Desillusionierung tragisch, die uns zunehmend in die virtuelle Welt treiben, während wir in der Realität auf Kosten des Planeten reisen. Wir müssen zur Weisheit vergangener Zeiten zurückkehren: die Langsamkeit genießen, unsere nähere Umgebung wertschätzen. »Früher war Reisen ein Abenteuer, voller Unwägbarkeiten, langwierig und unsicher, allein, ob man überhaupt nach Hause zurückkehren würde, konnte man nicht wissen … Aber die Menschen waren tiefer verwurzelt und blieben in ihrer Heimat. Ein Kirchturm im Zentrum und ein Horizont, der die Grenzen einer Landschaft markierte, reichten für ein Menschenleben. Unter tausend Möglichkeiten diejenige auszuwählen, die uns der Zufall mit dem Ort unserer Geburt anbietet, zeugt nicht unbedingt von einem Mangel an Fantasie. Das Gegenteil kann der Fall sein. Man muss nicht in die Fremde ziehen, damit die Vorstellungskraft ihre Flügel ausbreiten kann.«[25] Im Gegensatz zu den 750 Völkern des Inselstaats Papua-Neuguinea, die dazu verdammt waren, Tausende Jahre lang all ihre menschlichen Erfahrungen in einem sehr begrenzten Lebensraum zu machen, haben wir das beispiellose Glück, dank der Wunder der Technologie in einer virtuellen Wirklichkeit reisen zu können, ohne das Haus verlassen zu müssen. Und die echten Abenteurer unter uns können auch immer noch auf die Seychellen reisen und dort surfen, zumindest so lange, wie die Inseln noch nicht vom Meer verschlungen sind ...

Und schließlich die Arbeitszeit: Sie zu reduzieren ist von entscheidender Bedeutung, darauf werden wir im Zusammenhang mit dem Kampf gegen die Arbeitslosigkeit zurückkommen. Selbstverständlich geht es darum, die Arbeit so aufzuteilen, dass alle, die arbeiten wollen, eine Beschäftigung finden. Die Verkürzung der Arbeitszeit müsste mit der Möglichkeit verbunden sein, die Tätigkeit je nach Konjunktur oder eigener Lebensphase zu wechseln. So meint Willem Hoogendijk, die Arbeit müsse diversifiziert werden: »Wenn beispielsweise die Hauptbeschäftigung einer Person darin besteht, Fernseher zusammenzusetzen, könnte sie bei geringer Nachfrage nach Fernsehgeräten eine Tätigkeit in der Landwirtschaft, in einem Gartencenter, auf dem Bau, im Bildungsbereich, im Transportwesen, im Gesundheitswesen oder bei einem Sportprogramm für auffällige Jugendliche finden. Die Freizeitbeschäftigungen der Menschen zeigen, dass die meisten über Fähigkeiten jenseits ihrer bezahlten Arbeit verfügen. Auch wenn bislang eine gewisse verständliche Ablehnung seitens der Gewerkschaften festzustellen ist, sind die Zeitarbeitsagenturen, die sowohl bei Arbeitgebern wie bei vielen Arbeitnehmern beliebt sind – bei Letzteren wegen der Vielgestaltigkeit der angebotenen Stellen –, ein

Schritt in die richtige Richtung.«[26] Es würde genügen, sie mit einer anderen Einstellung zu betrachten.

Vor allem müssen wir uns von der Sucht nach »Arbeit« entwöhnen, einem wichtigen Element im Drama des Produktivismus. Wir werden keine echte Degrowth-Gesellschaft aufbauen können, wenn wir nicht die unterdrückten Dimensionen des Lebens wiederentdecken: die Muße, seine Aufgaben als Bürger zu erfüllen, die Freude an frei gewählten, etwa künstlerischen oder handwerklichen Tätigkeiten, das Gefühl, wieder Zeit fürs Spiel, für Kontemplation, Meditation und Gespräche zu haben – kurz, ganz einfach das Leben zu genießen.[27]

Recycling. Kein vernünftig denkender Mensch bestreitet die Notwendigkeit, die hemmungslose Vergeudung einzudämmen, die geplante Obsoleszenz bei Geräten zu bekämpfen und nicht direkt wiederverwendbare Abfälle zu recyceln. Die Möglichkeiten sind zahlreich, und viele wurden in kleinem Maßstab bereits mehrfach getestet. So haben beispielsweise in der Schweiz die Unternehmen Rohner und Design Tex ein Gewebe erfunden und produziert, das am Ende seines Lebenszyklus auf natürliche Weise verrottet.[28] Firmen haben Teppichböden entwickelt, die, sobald sie abgenutzt sind, als Gartenstreu verwendet werden können, weil sie aus organischem Material zusammengesetzt sind. Der deutsche Chemiegigant BASF hat ein Gewebe aus Nylonfasern erfunden, das unendlich recycelbar ist. Nachdem das daraus hergestellte Produkt gebraucht worden ist, kann es wieder in seine Grundkomponenten zerlegt werden, um in neuen Produkten Verwendung zu finden. 1990 bot u. a. Xerox schon Kopiergeräte an, deren Teile nach dem Ende der Nutzung recycelt werden können. Da die Geräte an die Firma zurückgeschickt wurden, übernahm Xerox die Verantwortung für die Wiederverwendung eines großen Teils der Materialien.[29] Allerdings fehlen noch Anreize, die Unternehmen und Konsumenten auf den »rechten« Weg führen. Dabei wäre es ein Leichtes, solche Anreize zu schaffen. Es fehlt nur am entsprechenden politischen Willen.

All das weist den Weg zur Verwirklichung einer Utopie im besten Sinne des Wortes, also ein intellektuelles Konstrukt auf einer ideellen Grundlage, aber zugleich auch konkret insofern, als es auf bereits existierende Elemente und realisierbare Entwicklungen zurückgreift. Es ist eine andere Welt, eine wünschenswerte, notwendige und mögliche – sofern wir sie wollen.

In diesem Projekt muss der Begriff »Autonomie« im strengsten Sinne verstanden werden, nach seiner Etymologie aus dem Griechischen, wo »autonomos« so viel bedeutet wie »der, der sich seine eigenen Gesetze gibt«. Es ist eine Gegenreaktion auf die Heteronomie der »unsichtbaren Hand« des Marktes, gegen die Diktatur der Finanzmärkte und gegen die Diktate der Technowissenschaft in der übermodernen Gesellschaft. Die Autonomie ist nicht mit grenzenloser Freiheit gleichzusetzen. Wie bereits Aristoteles sagte, muss man zunächst gehorchen können, um zu lernen, wie man Befehle erteilt. Aus der Perspektive einer Gesellschaft freier Bürger ist dieses »Gehorchen-Können« vor allem ein Lernen, nicht eine sklavische Unterwerfung unter ein Gesetz, das man sich gegeben hat (sklavische Unterwerfung ist das, was uns die Tyrannei lehrt). Unbestreitbar kann in beiden Fällen die freiwillige Unterwerfung freudvoll sein, und die Grenze zwischen den beiden Formen der Unterwerfung ist verschwommen. In Bezug auf den Konsum ist die Trennlinie zwischen der sinnvollen Nutzung, die den Einzelnen respektiert, und einer Instrumentalisierung, die das Individuum missachtet, sehr dünn und außerdem problematisch. Der entscheidende Unterschied zwischen den beiden Formen besteht darin, ob sie in einer produktiven Wechselwirkung miteinander stehen. Dies ist eine der vielen Herausforderungen, denen sich eine demokratische Gesellschaft immer wieder stellen muss. Aus ihr resultiert die Bedeutung der »Konvivialität«.

Konvivialität (Frohsinn, Geselligkeit), ein Begriff, den Ivan Illich von Brillat-Savarin,[30] dem großen französischen Gastronom des 18. Jahrhunderts, übernahm, wird die sozialen Bindungen wiederherstellen, die durch das, was Rimbaud das »ökonomische Grauen« nannte, zerstört wurden. Konvivialität stellt dem Gesetz des Dschungels im sozialen

Miteinander den Gedanken des Geschenks gegenüber und knüpft damit an Aristoteles' »philia« (Freundschaft) an.

Manche werden zweifellos den systematischen Rückgriff auf die Vorsilbe »Re« in den »großen R« als Zeichen einer rückwärtsgewandten Denkweise oder als romantische Sehnsucht nach der Vergangenheit deuten. Dazu möchte ich einfach sagen, dass mich vielleicht eine gewisse Koketterie veranlasst hat, die verschiedenen Schritte unter dem Buchstaben »R« zusammenzufassen, sie aber sowohl Bestandteil einer Revolution als auch einer Rückwärtsbewegung, innovativ und sich wiederholend sind. Wenn es ein Element der Reaktion gibt, so handelt es sich um eine Reaktion auf die verschiedenen Auswüchse und die Hybris des Systems – wie Jean-Paul Besset sie angeprangert hat und die ihren Ausdruck in vielen Wortzusammensetzungen mit »Über« finden: Überentwicklung, Überproduktion, Überfülle, übermäßige Extraktion, Überfischung, Überweidung, Überkonsum, überflüssige Verpackung, Übermedikamentierung, Überschuldung, Überversorgung …[31] Dieses sich immer weiter beschleunigende thermoindustrielle System ruft, wie Michael Singleton bemerkt, zunehmend beträchtliche Schäden hervor, für die wir eine ebenfalls wachsende Reihe von Wörtern mit dem Präfix »De« haben: industrielle Delokalisierung, Deflation, politische Desillusionierung, kulturelle Demotivierung und religiöse Demystifizierung. »Was immer wir auch sonst tun«, fügt er hinzu, »wir müssen dafür sorgen, dass das ›De‹ in dem Wort Degrowth für eine Abkehr steht, die uns frei für anderes macht.« Darauf weist auch das lateinische »dis« hin, von dem das Präfix abgeleitet ist. Im Zentrum der Aufwärtsspirale der kulturellen Revolution aber steht etwas, das in allen »R« eine große Rolle spielt: Widerstand.

Wachstumsrücknahme als lokales Projekt

Alle »großen R« sind von gleicher Wichtigkeit. Dreien von ihnen scheint mir jedoch eine »strategische« Bedeutung zuzukommen: der Reevaluierung, weil sie die Veränderung erst einleitet, der Reduktion, weil sie im Kern alle praktischen Forderungen des Degrowth enthält, und der Relokalisierung, weil sie den Alltag und die Arbeit von Millionen Menschen betrifft.[32] Der Relokalisierung kommt also eine Schlüsselstellung innerhalb der konkreten Utopie zu, sie lässt sich auch ohne Weiteres in ein politisches Programm umsetzen. Dabei greift die Wachstumsrücknahme eine alte Forderung der Umweltschützer auf: Global denken, lokal handeln. Zur Utopie des Degrowth gehört globales Denken, aber ihre Realisierung beginnt vor unserer Haustür. Das Projekt des lokalen Degrowth besteht aus zwei ineinandergreifenden Elementen: politischer Innovation und ökonomischer Autonomie.

Was lokale ökologische Demokratie ist. Will man der städtischen und politischen Peripherisierung als Folge der Wachstumsgesellschaft entgegenwirken, bietet sich die »Utopie« des »Öko-Kommunalismus« von Murray Bookchin an.[33] »Es ist keinesfalls abwegig, sich vorzustellen, dass eine ökologische Gesellschaft aus einer Gemeinde aus vielen kleinen Gemeinden besteht, von denen jede eine ›Kommune aus Kommunen‹ darstellt, die noch kleiner sind […] und die sich in vollkommener Harmonie mit dem Ökosystem befinden.«[34] Die Rückeroberung und Neuerfindung der »Allmende« (gemeinsam genutzter Güter und Flächen) und die Selbstorganisation von »Bioregionen« könnten Elemente dieses Lösungsansatzes sein.[35] Die Bioregion oder Ökoregion, definiert als eine zusammenhängende räumliche Einheit, die als geografisches, soziales und historisches Gebilde aufgefasst wird, lässt sich ebenso im städtischen wie im ländlichen Raum realisieren. Eine städtische Bioregion könnte man als eine Gemeinde aus Gemeinden auffassen, als »Stadt aus Städten« oder auch »Stadt aus Dörfern«: kurz gesagt, ein Netzwerk mit vielen Zentren oder Polen, eine Ökopolis.[36] Bestehend aus einem komplexen Gebilde von lokalen Territorialsystemen, ausgestattet mit der spezifischen Fähigkeit zum ökologischen Selbsterhalt, setzt sie sich zum Ziel, externe Misswirtschaft und den Energieverbrauch zu reduzieren.[37]

Manche sehen hier ein »Demokratiedilemma«, das man folgendermaßen formulieren könnte: Je kleiner ein politisches Gebilde oder eine politische Einheit ist und sich damit für eine direkte Kontrolle durch die Bürger eignet, desto beschränkter ist der Bereich, über den sich seine Souveränität erstreckt.[38] Ihre Entscheidungs- und Handlungsmöglichkeiten haben keinen Einfluss auf Fragen, die über ihre territorialen Grenzen hinausreichen, während sie äußeren Dynamiken ausgeliefert ist, und zwar ganz besonders im ökologischen Bereich.[39] Umgekehrt gilt: Je weiter sich die politische Einheit territorial ausdehnt, desto schwerer fällt es den Bürgern, sich einzubringen. Das kann man nicht von der Hand weisen, aber man kann dem Vorschlag von Paola Bonora folgen und die Frage weniger unter dem Aspekt der Größe als unter dem der Identität betrachten. Entscheidend ist, dass es ein kollektives Projekt gibt, das in einem Gebiet, dem gemeinsamen Lebensort, verwurzelt ist, den es daher als Gut für alle zu bewahren und zu pflegen gilt. Die Teilnahme, in der implizit das Handeln enthalten ist, wird »Bewahrerin und Motor des Ortsgeistes«.[40] Größe ist in diesem Fall nicht mehr ein topografisches, sondern ein soziales Problem. Es handelt sich um einen Raum mit ausgeprägter Identität und mit der Kompetenz zu koordiniertem und solidarischem Handeln. Eine städtische Region als Gebilde autonomer Viertel zu betrachten, die als aneinandergrenzende Gemeinden funktionieren, wie sich das Bookchin vorstellte, ist eine interessante Idee, kann aber nur funktionieren, wenn Entscheidungsgremien des

Viertels über echte Macht verfügen und nicht bloß Schaltstellen sind.

Eine der interessantesten und vielversprechendsten Initiativen ist sicher das Netzwerk der »Neuen Kommunen«, das in Italien entstanden ist. Ins Leben gerufen von Forschern, sozialen Bewegungen und zahlreichen Lokalpolitikern aus kleinen Gemeinden, beteiligen sich daran auch größere politische Einheiten wie die Provinz Mailand und die Region Toskana. Ziel ist es, ganz seriös auf lokaler Ebene die Probleme anzugehen, die durch die Maßlosigkeit der Wachstumsgesellschaft entstanden sind. Das Originelle an diesem Netzwerk besteht in der Wahl einer Strategie, die ganz auf das Territorium setzt, das heißt darauf, das Lokale als ein Interaktionsfeld zwischen sozialen Akteuren, physischer Umwelt und kulturellem Erbe zu betrachten. Laut seiner Charta ist es »ein politisches Projekt, das die lokalen Ressourcen und Besonderheiten berücksichtigt, bewusste und verantwortliche Autonomieprozesse fördert und Steuerung von außen (›Hetero-Führung‹) durch die unsichtbare Hand des Weltmarkts ablehnt«.[41] Anders ausgedrückt, es handelt sich um Experimente in kritischer Analyse und Selbstregierung zur Verteidigung der gemeinschaftlichen Güter. Sie orientieren sich an der Idee des »Stadtdorfs« und der Bewegung der »entschleunigten Stadt« (Cittàslow/Slowcity).[42] Das Konzept orientiert sich an der »Slow Food«-Bewegung, der weltweit hunderttausend Produzenten, Bauern, Handwerker und

Fischer angehören, die gegen die Standardisierung von Lebensmitteln und für den Erhalt von Geschmack und Aromen kämpfen.[43] Trotz seiner starken Verwurzelung ist dieses lokale Projekt weder geschlossen noch egoistisch, »sondern setzt im Gegenteil Offenheit und eine großzügige Einstellung zu Geben und Nehmen voraus«.[44]

Eine Gesellschaft, die sich der Wachstumsrücknahme verpflichtet, muss sich mit starkem Protektionismus gegen ungezügelte und rücksichtslose Konkurrenz schützen, aber auch große Offenheit gegenüber Räumen zeigen, die vergleichbare Maßnahmen ergreifen. Wie schon 1954 Michel Torga bemerkte: »Das Universelle ist das Lokale ohne Mauern.« Umgekehrt kann man sagen, dass das Lokale das Universelle mit Grenzen und Begrenzungen, Pufferzonen, Schmugglern, Dolmetschern und Übersetzern ist. Die gewählte Identität, mehr oder weniger pluralistisch und dennoch in eine gemeinsame Vision ihres Schicksals eingebunden, ist ein wesentliches Element zur Sicherung des Erhalts einer bioregionalen Einheit.[45]

Wer vom Lokalen und von der Gemeinschaft spricht, merkt Michael Singleton an, und damit Zweifel an der Möglichkeit und Wünschbarkeit eines abstrakten politischen Universalismus anmeldet (im Klartext: an einer Weltregierung), der »geht das hohe Risiko ein, all das an den Kopf geworfen zu bekommen, was die Moderne mit einem Bann belegt hat: Faschist, Nationalist, Macho, Bevormunder, Elitist,

Nostalgiker … Wie soll man es begreiflich machen, dass die Wachstumsrücknahme nicht die Rückkehr in die Fremden- angst und zu den Fesseln der Gemeinschaft (Kleinfamilie, be- tuchte Wohnviertel, regionaler Egoismus), sondern zu einer organischen Neufassung des Lokalen (den Menschen wieder mehr Gemeinschaft zu ermöglichen, so wie es sie während der 60er Jahre gab, unter anderem dank Dorfschulen und ›Familien‹-Betrieben, Tante-Emma-Läden und dem Kino um die Ecke, als man noch nicht wie heute zwischen Schulkom- plexen, Industriezonen und Einkaufszentren außerhalb der Stadt hin- und herpendelte).«[46] So gesehen, ist das Lokale kein geschlossener Mikrokosmos, sondern ein Knoten in ei- nem Netz moralischer und solidarischer transversaler Bezie- hungen, die mit den Praktiken einer erweiterten Demokratie experimentieren (beispielsweise mit partizipativen Budgets) und so der Herrschaft des Neoliberalismus trotzen.

Wiederentdeckung der lokalen ökonomischen Autonomie. Zum Programm der Relokalisierung gehört zunächst die Suche nach einer autarken Versorgung mit Lebensmitteln, dann nach ökonomischer und finanzieller Autarkie. Dazu müsste man in jeder Region die Basisaktivitäten erhalten und ausbauen: Landwirtschaft und Gartenbau, bevorzugt öko- logisch, unter Berücksichtigung der Jahreszeiten.[47] Willem Hoogendijk denkt dies für die Niederlande durch: »Nach Berechnungen des niederländischen Instituts für Landbau-

Ökonomie (Landbouw-Economisch Institut, LEI) aus dem Jahr 1980 hatte die landwirtschaftliche Autarkie damals eine realistische Chance in den Niederlanden, in einem der am dichtesten besiedelten Länder der Erde. Vor nicht allzu langer Zeit erst hat das LEI – zur großen Überraschung der beteiligten Wissenschaftler – errechnet, dass die über 16 Millionen Einwohner des Landes sich allein durch heimische biologische Landwirtschaft ernähren könnten (um den Preis einer Reduktion des Fleischkonsums und unter stärkerer Berücksichtigung saisonaler Produkte).« Der Autor führt näher aus, wie dieses neue Modell der landwirtschaftlichen Produktion aussehen könnte: »Eine extensive Landwirtschaft unter freiem Himmel auf gemischten Höfen [...] Ein ebenfalls extensiver Gartenbau, einschließlich Konservierung und Trocknung der Produkte und was sonst dazugehört. Schließlich müssen unsere Abfälle, langfristig gesehen, auch unsere Exkremente, der Erde als Düngemittel, Tierfutter oder Bodenverbesserer zugeführt werden. Durch das Abonnement von ›Biokisten‹ von individuellen Bauern, bei denen man auch in der Erntezeit aushelfen kann (wie das schon jetzt fast überall auf der Welt möglich ist), können engere Verbindungen zwischen Bauern/Viehzüchtern und den Konsumenten ihrer Produkte entstehen. Und diese Nahrung wird frisch und gesund sein. Ihr ökologischer Fußabdruck wird sehr viel geringer sein (weniger Lagerung, Kühlung und Transport).«[48] Diese Autonomie bedeutet aber keine völlige Autarkie. »Handel mit Regionen, die den gleichen Weg gehen und dem Produktivismus ›abgeschworen haben‹, ist möglich: gleichgewichtiger Austausch, der die regionale Unabhängigkeit respektiert, das heißt Handel mit dem jeweiligen Überschuss an regionalen Produkten, ohne Menschen zu übervorteilen und Ökosysteme zu belasten (Butter gegen Oliven und so weiter).«

Ein weiteres Ziel ist die Energieautonomie auf lokaler Ebene: Erneuerbare Energien »sind an die dezentralisierten Gesellschaften angepasst, mit geringer Einwohnerdichte. Aber die Zerstreuung der Bevölkerung ist auch ein Vorteil: Jede Weltregion besitzt ein natürliches Potenzial, eine oder mehrere Formen erneuerbarer Energien zu entwickeln.«[49]

Der lokale Handel ist zu fördern: Ein unsicherer Arbeitsplatz in den großen Handelsketten vernichtet fünf dauerhafte Arbeitsplätze in kleinen Läden in der Nachbarschaft.[50] Laut INSEE (dem französischen nationalen Institut für Statistik und Wirtschaftsplanung) hat das Aufkommen der großen Supermärkte (Ende der 1960er Jahre bis zum Jahr 2006) in Frankreich zur Schließung von 17 Prozent aller Bäckereien (17.800), von 84 Prozent der Lebensmittelläden (73.800) und von 43 Prozent der Haushaltswarenläden (4.300) geführt. Damit hat das lokale Leben erheblich an Substanz und sozialem Zusammenhalt verloren.[51]

Schließlich brauchen wir auch eine echte lokale Geldpolitik. Um die Kaufkraft der Bewohner zu erhalten, muss der Geldfluss so weit wie möglich in der Region gehalten werden, während die ökonomischen Entscheidungen, so gut es geht, auf regionaler Ebene getroffen werden sollten. Eine Expertenmeinung dazu (aus berufenem Mund, von einem Architekten des Euro) lautet: »Lokale oder regionale Entwicklung zu fördern und gleichzeitig das Monopol des nationalen Geldes zu erhalten ist wie der Versuch, einen Alkoholiker mit Schnaps von seiner Sucht zu heilen.«[52] Die Rolle von lokalem, sozialem oder komplementärem Geld besteht darin, die unbefriedigten Bedürfnisse mit Ressourcen in Verbindung zu bringen, die auf andere Weise ungenutzt blieben. Im Kleinen hat man damit schon viel Erfahrung gesammelt, angefangen mit Schecks in lokalen Tauschsystemen, Schwundgeld, den argentinischen »créditos« bis zu spezifischen Kaufbons (Transport, Essen, »fureai kippu« in Japan, »Gutscheine für Menschlichkeit« für die Pflege älterer Menschen usw.).[53] Die Bioregion wäre wahrscheinlich die ideale Ebene für ein solches Experiment. Man sollte darüber nachdenken, »bioregionale Währungen« zu schaffen.

Zusammenfassend bedeutet Regionalisierung: weniger Transport, transparente Produktionsabläufe, Anreize zu nachhaltiger Produktion und nachhaltigem Konsum, Reduzierung der Abhängigkeit von den Kapitalflüssen und Multis und mehr Sicherheit in jeder Hinsicht. Die Ökonomie zu regionalisieren und in der lokalen Gesellschaft zu verankern schützt die Umwelt, die letztendlich die Basis der gesamten Wirtschaft ist, eröffnet jedermann einen demokratischeren Zugang zur Wirtschaft, reduziert die Arbeitslosigkeit, verstärkt die Teilnahme (und damit die Integration) und festigt die Solidarität, eröffnet neue Perspektiven für die Entwicklungsländer und fördert die Gesundheit der Bürger der reichen Länder dank eines maßvolleren Lebensstils und der Verminderung von Stress.[54]

Lokale Initiativen der Wachstumsrücknahme. Während sie darauf warten, dass die »Weltregierung« die nötigen Änderungen vornimmt oder sich die Regierungen einzelner Staaten von der Wachstumsideologie verabschieden, haben zahlreiche lokale Akteure bereits im Kleinen wie im Großen den Weg der fruchtbaren Utopie des Degrowth eingeschlagen. Lokale Zusammenschlüsse, von North Carolina bis Chalon-sur-Saône, werden tätig und starten Initiativen gegen den Klimawandel. Die Reduzierung des Energieverbrauchs kann sich am Beispiel der BedZED (Beddington Zero Energy Development) orientieren. Viele Regionen verweigern sich dem Anbau gentechnisch veränderter Pflanzen (Oberösterreich, Toskana, Polen u. a.). Die Aufträge von lokalen Gemeinschaften und öffentlichen Einrichtungen (Schulen, Krankenhäusern usw.) bilden keinen geringen Anteil an den gesamten öffentlichen Aufträgen, hier hat man also durchaus einen Hebel, um den ökologischen Wandel in der gesamten Wirtschaft zu propagieren. Man braucht nichts weiter zu tun, als den Profiteuren dieser Aufträge mehr Umweltschutz ins Pflichtenheft zu schreiben.[55] Die Städte und Gemeinden können bei den Einrichtungen, für die sie die Verantwortung haben, über die Belieferung entscheiden und lokale Unternehmer und Lieferanten bevorzugen (Chambéry), in den öffentlichen Kantinen und Restaurants Produkte aus biologischem Anbau durchsetzen (Lorient, Pamiers), bei der Pflege öffentlicher Flächen (Straßen und Grünflächen) das Unkraut statt mit Pestiziden mechanisch oder thermisch bekämpfen (Rennes, Grenobles, Mulhouse) und eher auf Kompostierung als auf Chemiedünger setzen.[56] Der öffentliche Nahverkehr wird bereits in vielen Regionen Europas gefördert.

»Wir müssen uns umgehend in das städtische Leben einmischen, wählen, an den Ratssitzungen teilnehmen, Mitglied einer Bürgerinitiative werden, die den einen oder anderen Aspekt des Maßhaltens umsetzt: mehr Raum für Fußgänger und Radfahrer, weniger Autos; mehr Geschäfte in erreichbarer Nähe, weniger große Supermärkte; mehr kleine Häuser, weniger Hochhäuser; mehr bürgernahe Dienstleistungen, weniger städtische Bebauungspläne etc.«, meint Yves Cochet.[57]

Auch wenn solchen lokalen Projekten natürlich Grenzen gesetzt sind, sollte man die Verbesserungsmöglichkeiten auf diesem Niveau nicht unterschätzen. Die Gemeinde Mouans-Sartoux hat dank der Bemühungen ihres Bürgermeisters André Aschieri interessante Erfahrungen gemacht: Wiedereröffnung des Bahnhofs und Neueröffnung einer Bahnlinie,

Übernahme öffentlicher Dienstleistungen (Wasser, Verkehr und sogar Beerdigungsinstitute), Ausbau von Fahrradwegen und Grünflächen, Einschränkungen der Immobilienspekulation und des Baus von großen Supermärkten haben es ermöglicht, die »Peripherisierung« zu vermeiden, die man vor über 30 Jahren noch als unausweichlich hingenommen hatte, und haben dem lokalen Leben neuen Auftrieb gegeben, wie das nun jährlich stattfindende »Festival des Buchs« anschaulich zeigt.[58]

Man sollte die WTO zu einer WLO (World Local Organisation) umbauen und ihr einen neuen Slogan geben: »Globaler Vorrang für das Lokale«![59]

Ist Degrowth ein Rückschritt?

Den Rückwärtsgang einzulegen, wo das möglich ist, kann ein Zeichen von Klugheit sein. Ganz besonders gilt das für den Bereich Lebensmittel. In den Ländern der Organisation für wirtschaftliche Zusammenarbeit (OECD) herrscht immer noch eine Tendenz hin zu einer weniger lokalen und weniger saisonalen Ernährung mit steigendem Fleischanteil, die aber dennoch immer billiger wird. In den letzten Jahren ist die Abhängigkeit der Regionen von Lebensmitteleinfuhren weiter gestiegen. Nehmen wir als Beispiel das Limousin, eine als ländlich geltende Region. Laut Emmanuel Bailly wurden dort im Jahr 2006 nur 10 Prozent der konsumierten

Lebensmittel lokal produziert und verarbeitet. Damals galt: »Der Anbau von Kartoffeln ist nahezu vollständig aufgegeben worden, die Anbaufläche von 7.400 Hektar auf etwas mehr als 300 Hektar gefallen. [...] Der Anbau von Gemüse, der 1970 noch auf beinahe 6.300 Hektar erfolgte, ist auf ungefähr 300 Hektar zurückgegangen (6.700 Tonnen). Die regionale Produktion deckt nur 8,1 Prozent des Bedarfs der Bevölkerung an frischem Gemüse.«[60] Die Apfelsorte Golden Delicious aus dem Limousin hat Konkurrenz vom Golden Delicious aus China bekommen, der nur halb so teuer ist, trotz der Transportkosten! Und wie es beim abgepackten Fleisch schon längst der Fall ist, werden die Limousin-Rinder schon in direkter Konkurrenz zu südamerikanischem Schlachtvieh stehen. Die Einkaufszentralen der großen Supermarktketten setzen die Versorgung mit Lebensmitteln von außerhalb der Region um, und die Delokalisierung der Produktion wird von den Verantwortlichen und Profiteuren der Lebensmittelbranche gefordert.[61]

Die Odyssee der dänischen Krabben ist fast schon eine Farce, aber leider keine Ausnahme[62]: Sie werden in Marokko gepuhlt und dann nach Dänemark zurücktransportiert, um von dort aus an die Märkte verschickt zu werden. Noch weiter kommen die schottischen Langusten herum, die in Thailand in einem Betrieb des Tiefkühlkostherstellers geschält, nach Schottland zurückgeschafft, dort gekocht und dann bei Marks and Spencer verkauft werden. Wenn man diese Tendenz umdreht, würde man weniger Energie verschwenden, und unsere Versorgung, vor allem mit Lebensmitteln, wäre weniger anfällig für Preiserhöhungen im Energiebereich und für einen geringeren CO_2-Ausstoß verantwortlich.[63] »Eine Ernährungsweise, die sparsamer mit Energie umgeht, müsste sich im Vergleich zu heute in drei Punkten umorientieren: Sie müsste lokaler sein, sich mehr an der Saison ausrichten und stärker vegetarisch geprägt sein«, meint Yves Cochet.[64] Sie wird »teurer« bleiben, wenn man weiterhin die Kosten auf die Opfer abwälzt und die Verschmutzer subventioniert.

Auch hier ist eine gewisse Entkolonialisierung des Imaginären notwendig. Selbst wenn sie nicht unbedingt begeistert an Fortschritt und Modernität glauben (wie wir alle es mehr oder weniger tun), fürchten sich viele »einfache« Bürger vor einem Rückfall in frühere Zeiten, die sie mit Elend und Erniedrigung gleichsetzen. »In meiner Jugend«, sagte mir einmal ein sizilianischer Freund, »war ich der Einzige unter meinen Spielgefährten, der Schuhe trug. Alle anderen spielten barfuß Fußball. Heute haben alle Kinder Schuhe. Und das haben wir dem Wachstum zu verdanken.« Die »Gegner des Wachstums« werden von »Gegnern der Wachstumsrücknahme« oft mit solchen Beispielen konfrontiert, die nicht so leicht von der Hand zu weisen sind. Die Angst davor, in eine unglückliche Vergangenheit zurückzufallen, ist durchaus berechtigt, auch wenn die Erinnerung an diese Vergangenheit nicht immer ganz korrekt sein mag. Aber niemand verlangt, dass wir im Elend früherer Zeiten leben, die zudem noch von großer Ungleichheit geprägt waren. Wir sollten uns allerdings fragen, ob zur Lebensqualität tatsächlich der Besitz von zehn Paar Schuhen gehört, oft noch von schlechter Qualität, oder ob nicht ein oder zwei Paar gute Schuhe ausreichen. Murray Boockchin erläutert es so: »Ich denke nicht, dass es die Lebensqualität steigert, wenn wir verschwenderisch leben, zehn Schwimmbäder oder fünfzig Fernseher haben. Einige Vertreter des libertären Freiheitsgedankens würden vielleicht einwenden: ›Na gut, aber einige wollen eben zehn Schwimmbäder, sie sollten sie haben dürfen. Daran hindern sollte man sie nicht. Das würde gegen die Freiheit verstoßen.‹ Darauf antworte ich, dass die akzeptablen Bedürfnisse von der gesamten Gemeinschaft festgelegt werden sollten – der Stadt oder der Gemeinde. Eine Versammlung kann also sagen: ›Zwei Paar Schuhe sind genug. Niemand braucht zehn Paar Schuhe.‹ Sie muss das Recht haben, Grenzen zu setzen, jedermann zu sagen, dass die Bäume nicht in den Himmel wachsen.«[65]

Willem Hoogendijk hat versucht, die Selbstbeschränkung der Bedürfnisse zu begründen: »Was unsere angeblichen Bedürfnisse betrifft, die in jedem beliebigen Lehrbuch der Ökonomie stets als ›grenzenlos‹ bezeichnet werden, so ist es vielleicht angebracht, einmal eine genauere Unterscheidung zwischen primären und sekundären Bedürfnissen zu machen, oder, in Anlehnung an die Terminologie von Keynes, zwischen absoluten und relativen – Erstere haben natürliche Grenzen, Letztere nicht.« Er schlägt vor, zwischen fundamentalen, normalen und anderen Bedürfnissen zu unterscheiden. Erstere (Nahrung, Kleidung, Wohnung, Arbeit, Gesellschaft, Sex) können zwar auch über das vernünftige Maß hinaus gesteigert werden (mehr Platz pro Person, mehr Schuhe, mehr Zentralheizung usw.), besitzen aber dennoch eine natürliche Sättigungsgrenze. Die zweiten, die von der Wachstumsgesellschaft gefördert werden, zu deren Dynamik die Schaffung unbegrenzter Bedürfnisse gehört, können eingeteilt werden in:

- Bedürfnisse des Ausgleichs für Verluste in der Vergangenheit, beispielsweise Grünflächen für Autos, die die Straßen verstopfen, Ruhezonen, Schwimmbäder als Ersatz für verschmutzte Flüsse etc.;
- Bedürfnisse nach Schadensbeseitigung oder -vorbeugung, bspw. die Reinhaltung von Luft und Wasser, das Ausbringen von Kalk in den durch den sauren Regen geschädigten Wäldern etc. – kurz, der ganze Bereich der wachsenden ökologischen Wirtschaft;
- Bedürfnisse, die durch vorangehende Entwicklungen geschaffen wurden, beispielsweise nach neuen Arbeitsplätzen als Folge von Automatisierung; nach mehr Transportmitteln, weil die physische Organisa-

tion sich auf Trennung gründet, nach schnelleren Produktionsmaschinen als Folge des Konkurrenzdrucks und so weiter.

Ein Ziel des Systems ist es, Bedürfnisse zu wecken, die es zur gleichen Zeit zu befriedigen versucht, indem es Güter produziert, um zu reparieren, was kaputtgegangen ist, und uns Ersatz und Trost für das zu bringen, was wir verloren haben.[66] Das Wachstum zu reduzieren bedeutet auch, langsamer zu werden und sich somit dem Diktat des »immer schneller, immer aktueller« zu widersetzen. In Spanien ist die kürzlich abgeschaffte Siesta symptomatisch für die Absurdität der Wachstumsgesellschaft. Die Abschaffung der Siesta wird mit der wirtschaftlich schlechten Lage und den entgegengerichteten Wünschen der vielen Touristen aus dem Norden begründet.[67] Im Übrigen ist der positive Effekt dieser uralten und von den Einheimischen geliebten Tradition von sämtlichen Ärzten anerkannt.[68] Das Degrowth-Rezept besteht im Gegenzug darin, aus weniger Besseres und mehr zu machen. Diese an Ivan Illich angelehnte Formel soll aber nicht im Sinne von wirtschaftlichen Rationalisierungsmaßnahmen verstanden werden – quasi als ihre technokratische Karikatur. Die Zerschlagung des Wohlfahrtsstaates und die unmittelbar folgenden Einschnitte im Budget werden eine neue Verwaltungsreform zur Folge haben, die an bereits erfolgte Einsparungen und

Rationalisierungen anknüpft. Der nächste Schritt wird sein, ein besseres sozialpolitisches Resultat zu erzielen, indem man die Ausgaben mithilfe von Verbänden (oder sogar mithilfe von ehrenamtlichen Helfern) senkt, die auf dem Markt miteinander um Subventionen konkurrieren.[69] Der Geist der Wachstumswende ist das genaue Gegenteil dieser geradezu besessenen Suche nach Einsparungsmöglichkeiten jeder Art und der damit verbundenen neoliberalen Ideologie mitsamt ihren Schlüsselbegriffen: Effizienz, Performance, Qualität, kurzfristige Rentabilität, Kostensenkung, Flexibilität, Return on Investment etc., durch die letztlich das Sozialgefüge zerstört wird. Natürlich ist das Ziel, weniger von den begrenzten natürlichen Ressourcen unseres Planeten zu verbrauchen, aber um dadurch ein außerökonomisches Plus zu erzielen. Somit ist Degrowth ein dem Ziel der Technokraten diametral entgegengesetztes Prinzip. Alles in allem geht es nicht darum, den Verbrauchern die Schuld in die Schuhe zu schieben und sie zur Askese zu verpflichten, sondern man sollte an ihre Verantwortung als Bürger appellieren.

Erfordert dies auch Rationierungen? Einige denken darüber ernsthaft nach, wenn es um Energie und Treibhausgase geht, auch wenn das die Erinnerung an die Wirtschaft in Kriegszeiten heraufbeschwört. Man kann aber auch mit Recht behaupten, dass wir uns in einem Kampf ums Überleben der Menschheit befinden. Lester Brown erklärt in diesem Zusammenhang, dass die amerikanische Wirtschaft des Jahres 1942, also in Kriegszeiten, in der Lage war, die gesamte Autoproduktion von einem Tag auf den anderen auf die Herstellung von Panzern umzustellen. Eine vergleichbare Herausforderung wäre zum Beispiel die Umstellung der Automobilindustrie auf die Produktion von Mikrogeneratoren. Im Übrigen wissen wir noch gar nicht, ob solche Opfer erforderlich wären. Sicher ist hingegen, dass die ökologische Umstellung unserer Gesellschaften uns nicht erst morgen, sondern schon heute mehr Lebensqualität bringen würde: gesündere Ernährung, mehr Freizeit und ein besseres Zusammenleben.

Da dank immer besserer Technik und einer effektiveren Verwaltung mit einem Zuwachs der ökologischen Effizienz zu rechnen ist (Anstieg der Biokapazität, Anstieg der Erträge beim Ackerbau, in der Fischerei, in der Forstwirtschaft etc.), wird sich die notwendige Reduzierung in Grenzen halten.[70] Mit anderen Worten, die Rückkehr zu einem »vertretbaren« ökologischen Fußabdruck (dem eines einzigen Planeten), der eine Senkung der Nutzung der natürlichen Ressourcen um 75 Prozent erforderlich macht, ließe sich mit einer Verringerung des Endverbrauchs unter 50 Prozent realisieren, wofür wir im Gegenzug eine ungeahnte Steigerung an Lebensqualität ernten würden.

Degrowth – eine Herausforderung für den Süden

Paradoxerweise ist die Idee des Degrowth gewissermaßen im Süden entstanden, genauer gesagt, in Afrika. Das Projekt einer autonomen und sparsamen Gesellschaft kam dort im Zuge der Entwicklungskritik auf.

Seit vielen Jahren gibt es eine kleine Anti- oder Post-entwicklungs-»Internationale«, die schädliche Auswirkungen der Entwicklungspolitik in Afrika,[71] von Boumediennes (Algerien) bis hin zu Nyereres (Tansania), analysiert und anprangert. Dabei richtet sich die Kritik nicht nur gegen eine kapitalistische oder ultraliberale Entwicklung wie an der Elfenbeinküste, sondern auch gegen das, was ganz offiziell mit »sozialistisch«, »partizipativ«, »endogen«, »autonom«, »volksnah und solidarisch« umschrieben wird – Entwicklungen, die häufig von humanistischen Hilfsorganisationen implementiert oder unterstützt wurden. Trotz einiger beachtlicher Kleinsterfolge ist das Unternehmen »Entwicklung«, das zum »Aufblühen jedes Einzelnen und aller zusammen« hätte führen sollen, in Korruption, Ungereimtheiten und strukturellen Anpassungsplänen versunken, die aus Armut Elend machten.

Eine Kritik, die sich an den Süden richtete, unterstützt die »historische« Alternative, nämlich autonome Gesellschaften und einheimische Wirtschaftssysteme.[72] Solche Analysen interessieren sich natürlich auch für alternative Initiativen im Norden, zum Beispiel für Tauschringe vom Typ S.E.L. (Systèmes d'Échange Locaux) oder REPAS (Réseaux d'Échange des Pratiques Alternatives et Solidaires) in Frankreich und die italienische Banche del tempo (Zeitbank, in der man für individuelle Leistungen Zeitguthaben bekommt). Kooperativen etc. entwickelten sich aber nicht zu einer wirklichen gesellschaftlichen Alternative. Die Tatsache, dass die Umweltkrise mit der zunehmenden Globalisierung einherging, sowie der unerwartete – aber sehr relative – Erfolg der Entwicklungskritiker, die lange Zeit ungehört verhallten, führt zu der Verpflichtung, sich intensiver mit den Auswirkungen dieser Phänomene auf die nördlichen Gesellschaften und ihre Wirtschaft beschäftigen zu müssen. Die Farce der nachhaltigen Entwicklung betrifft in der Tat sowohl den Norden als auch den Süden, und die Gefahren des Wachstums sind ohnehin weltumspannend. Und so entstand die Idee der Wachstumsrücknahme.

Es ist weder nötig noch sinnvoll, Afrikas ökologischen Fußabdruck (oder sein BIP) zu reduzieren. Doch das heißt nicht, dass hier stattdessen eine Wachstumsgesellschaft aufgebaut werden sollte. Die Wachstumsrücknahme betrifft die Länder im Süden insofern, als sie im Begriff sind, selbst zu Wachstumsgesellschaften zu werden. So kann verhindert werden, dass sie in der Sackgasse landen, zu der sie dieses Abenteuer verdammt. Weit davon entfernt, ein undifferenziertes Loblied auf die informelle Wirtschaft singen zu wollen, fände ich es besser, die Gesellschaften im Süden würden sich, wenn dazu noch die Zeit ist, »um-entwickeln«, mit anderen Worten, die Stolpersteine auf ihrem Weg zu einer anderen Entwicklung meiden. Doch eines ist klar, Degrowth im Norden ist die Vorbedingung für eine komplett alternative Form der Selbstentfaltung im Süden. Solange Äthiopien und Somalia dazu verdammt sind, Tierfutter für unsere heimische Viehwirtschaft zu exportieren, während dort die Menschen hungern, und solange wir unser Vieh mit Soja mästen, das durch Brandrodung des Regenwalds im Amazonasgebiet gewonnen wird, ersticken wir jede echte Alternative des Südens zur Autonomie im Keim.[73]

Wenn man das Wagnis eingänge, Degrowth in der südlichen Hemisphäre zu implementieren, könnten wir damit weltweit eine Spiralbewegung auf Basis der drei »wichtigsten R« in Gang setzen und somit den Teufelskreis durchbrechen. Diese Aufwärtsspirale der Wachstumsrücknahme könnte mithilfe eines anderen, zugleich alternativen und ergänzenden Rezepts gelingen, das weitere Elemente einführt: Ablösung, Wiederanknüpfung, Wiederaneignung, Wiedereinführung, Rückeroberung etc. Ablösung von der wirtschaftlichen und kulturellen Abhängigkeit des Nordens. Wiederanknüpfung an die durch Kolonialisierung, Entwicklungspolitik und Globalisierung unterbrochene Geschichte. Wiederaneignung einer eigenen kulturellen Identität. Wiedereinführung von spezifischen, in Vergessenheit geratenen oder aufgegebenen Produkten und von »antiökonomischen«

Werten aus der Vergangenheit jener Länder. Rückeroberung alter Techniken und des traditionellen Wissens.

Im Februar 2007 organisierte die italienische NGO Chiama l'Africa eine Debatte zum Thema »Armut und Degrowth« mit einigen Intellektuellen aus Benin im Emmaus Centre in Tohue in der Nähe von Cotonou. Bei diesem Treffen rund um den Hauptredner Albert Tévoédjrè wurde das afrikanische Paradoxon diskutiert und Bilanz gezogen.

Wer erinnert sich noch an Albert Tévoédjrè? Auf Anraten von Ivan Illich veröffentlichte er schon 1978 das Buch *La Pauvreté, richesse des peuples*, einen Bestseller, in dem viele Ideen der Wachstumsrücknahme bereits vorweggenommen wurden.[74] Darin kritisierte er die Absurdität der kulturellen und industriellen Nachahmerei und pries die traditionelle afrikanische Genügsamkeit, kritisierte die Maßlosigkeit der Wachstumsgesellschaft, die ganz bewusst künstliche Bedürfnisse weckt, die Unmenschlichkeit der alle Beziehungen beherrschenden Geldwirtschaft und die Zerstörung der Umwelt. Als Lösung schlägt er eine Rückkehr zur Autarkie auf dörflicher Ebene vor.

Nun, mit 85 Jahren und noch immer bei guter Gesundheit, kämpft er weiter für seine Ideen, die aber in Afrika niemanden mehr interessieren. Wie viele afrikanische Intellektuelle hat er sich auch politisch engagiert und diverse politische Ämter bekleidet, allerdings ohne seine Ziele umsetzen zu können.

In meinem Buch *L'Autre Afrique* habe ich aufgezeigt, wie diejenigen, die von der wirtschaftlichen Moderne ausgeschlossen sind, sich mit Selbstorganisation und Improvisation durchzuschlagen verstehen. Sie sind ein Beispiel dafür, wie eine Gesellschaft aussehen kann, die autonom, dabei sparsam und nachhaltig ist, und zwar unter deutlich schlechteren Bedingungen, als die Degrowth-Gesellschaften im Norden sie je haben werden und ohne dass ihnen die intellektuellen und politischen Eliten des Kontinents dabei groß behilflich sind. Diese Fähigkeit, nicht nur zu überleben, sondern sich sozusagen am Rande des Weltmarktgeschehens ein komplettes Leben aufzubauen, gründet auf drei Arten der »Bricolage« (»Frickelei, Gebastel«): der imaginären Bricolage durch die Entstehung einer Vielzahl synkretischer Kulte und Sekten (auch in islamischen Ländern mit ihren Bruderschaften und Dissidenten); der technisch-ökonomischen Bricolage, der ideenreichen, mit Fleiß und Einsatz betriebenen Wiederverwertung (im Gegensatz zur westlichen Wirtschaftsrationalität, die ganz auf Ingenieure, Industrie und Unternehmer setzt); und vor allem der sozialen Bricolage dank neuer clanähnlicher Bindungen (die aus Kreuz- und Querzugehörigkeiten zu den verschiedensten Gruppierungen entstehen).

Dies ist bereits eine alternative Gesellschaft, die im Grunde bloß noch auf ihre Anerkennung wartet bzw. darauf, politisch und international in Erscheinung zu treten. Allerdings ist sie vom Siegeszug der arroganten Globalisierung bedroht (auch wenn diese sich in der Krise befindet). Während wir Zeuge ihres überraschenden »Erfolgs« wurden, bedroht die Kolonisierung der Ideenwelt, die bereits das »offizielle Afrika« korrumpiert hat, jetzt auch das »andere Afrika«. Die Invasion der internationalen Medien über Radio, Fernsehen, Internet, Handys hat eine zersetzende Wirkung auf die sozialen Beziehungen. Man denke an die vielen jungen Menschen, die ihre Heimatländer, die sie als »Hölle« zu betrachten lernen, um der künstlichen »Paradiese« des Nordens willen verlassen, wo sie jedoch vor verschlossenen Toren stehen. Billigste Massenware aus chinesischer Produktion machen den Wiederverwertungskünstlern Konkurrenz, die bislang noch gegen die Manufakturprodukte aus Europa bestehen konnten. Während jene Massengüter keine echte Individualität schaffen, untergräbt der Prozess der Individualisierung die Solidarität, auf der das alternative Universum gründete. Und schließlich sorgt die Umweltverschmutzung, die keine Grenzen kennt, dafür, dass die zerstörte Umgebung immer unbewohnbarer wird. Es ist eine Gesellschaft des Konsums aus zweiter Hand entstanden, voller alter Klapperkisten, kaputter Handys, zusammengebastelter Computer und mit anderem Schrott des Westens, der sich wie ein Krebsgeschwür ausbreitet und den Menschen die Fähigkeit nimmt zu widerstehen. Es bleibt zu wünschen, dass die Krise den Norden bald erreicht, damit das »andere Afrika« eine Chance bekommt. Vor einigen Jahren fragten mich einige ältere

Dorfbewohnerinnen in Benin: »Wann werdet ihr Franzosen zurückkommen?« Heute sind es die Jungen, die uns mit anderen Themen bestürmen: »Helft uns, nach Frankreich zu kommen. Hier gibt es keine Hoffnung für uns.« Das afrikanische Paradox ähnelt damit auf tragische Weise dem westlichen Paradox. Wie mein verstorbener Freund Jean Baudrillard einst schrieb: »Die westliche Kultur behauptet sich nur deshalb, weil der Rest der Welt ein Teil von ihr sein will.«[75]

Wenn das Gerechtigkeitsempfinden des Nordens tatsächlich über die notwendige Reduzierung seines »ökologischen Fußabdrucks« hinausgeht, sollte man den ökologischen Schuldbegriff auf eine weitere »Schuld« ausdehnen. Indigene Völker mahnen oft, dass der Norden auch Rückerstattung zu leisten hat. Wenn der Norden sich bemühen würde, dem Süden seine verlorene Ehre zurückzugeben (von der weit problematischeren Rückerstattung der geplünderten Schätze ganz zu schweigen), könnte dies der Beginn einer echten Partnerschaft mit dem Süden in Richtung einer Degrowth-Gesellschaft sein.

Wenn man aber am Wachstumsgedanken festhält oder, noch schlimmer, dem Süden die Logik der Wachstumsgesellschaft aufdrängt, unter dem Vorwand, diese Länder aus der gerade durch die Idee des Wachstums entstandenen Misere holen zu wollen, erreicht man damit lediglich eine noch größere Verwestlichung. Der Vorschlag, wir sollten »Schulen, Gesundheitszentren, Anlagen für die Trinkwasserversorgung bauen und die Rückkehr zu einer autonomen Lebensmittelversorgung fördern«,[76] ist von den Globalisierungsgegnern gut gemeint, zeugt aber auch von genau jenem Ethnozentrismus, der die Entwicklungspolitik kennzeichnet. Wir haben zwei Möglichkeiten: Wir können die betroffenen Länder fragen, was sie wollen, entweder über ihre Regierungen oder mittels Volksbefragungen (die sicher von den Medien manipuliert werden würden). Und die Antwort steht eigentlich schon fest: Vor den »grundlegenden Bedürfnissen«, die der Westen ihnen zugesteht, stünden zweifellos Klimaanlagen, Handys, Kühlschränke und vor allem Autos ganz oben auf der Wunschliste sowie Atomkraftwerke, Kampfflugzeuge und Panzer als Spielzeug für die Politiker … Oder man hört andererseits auf den von Herzen kommenden Schrei des Führers der guatemaltekischen Bauern: »Lasst die Armen in Ruhe und hört auf, ihnen von Entwicklung zu erzählen.«[77] Alle führenden sozialen Aktivisten, von Vandana Shiva in Indien bis hin zu Emmanuel Ndione im Senegal, sagen im Grunde mit anderen Worten dasselbe: Die Länder des Südens müssen dringend zur »Selbstversorgung mit Lebensmitteln« zurückfinden, die sie verloren haben. Im Afrika der 1960er Jahre gab es sie noch – bevor die große Offensive der Entwicklungspolitik begann. Ist es nicht der Imperialismus der Kolonisierung, der Entwicklungspolitik und der Globalisierung gewesen, der diese Eigenversorgung zerstört und die Abhängigkeit noch immer jeden Tag ein bisschen schlimmer macht? Bevor diese Länder durch Industrieabfälle derartig massiv verschmutzt wurden, war ihr Wasser, ob es aus dem Hahn kam oder nicht, in den meisten Fällen trinkbar. Was die Schulen und Gesundheitszentren angeht, sind diese Institutionen tatsächlich dazu geeignet, für Kultur und Gesundheit zu sorgen und diese zu verteidigen? Ivan Illich hatte begründete Zweifel an ihrer Relevanz für den Norden.[78] Wenn es um den Süden geht, sei noch größere Umsicht geboten, so lautet zumindest die Meinung einiger (wenn auch nicht allzu vieler) Intellektueller aus diesen Ländern. Die Bekümmerung der Weißen, die sich über den Wachstumsrückgang Sorgen machen, ist, zusammen mit dem noblen Vorsatz, den Menschen zu Hilfe zu kommen, verdächtig. Wie Majid Rahnema betont: »Was wir immer noch ›Hilfe‹ nennen, sind lediglich Ausgaben zum Erhalt jener Strukturen, die ins Elend führen. Dagegen wird den um ihr Hab und Gut gebrachten Opfern nur dann geholfen, wenn sie nicht versuchen, das globalisierte Produktionssystem zu verlassen, um nach Alternativen Ausschau zu halten, die ihren eigenen Vorstellungen entsprechen.«[79]

Doch die Alternative zur Entwicklung, sowohl im Süden wie auch im Norden, kann weder eine unmögliche Rückkehr zu vergangenen Zuständen sein noch ein uniformes, von oben aufoktroyiertes Modell des Wachstumsrückgangs. Die Ausgeschlossenen und alle, die in diesem Entwicklungssystem Schiffbruch erlitten haben, brauchen eine Art Synthese zwischen der verlorenen Tradition und der unerreichbaren Moderne. Diese paradox anmutende Formel fasst die zweifache Herausforderung, der sie sich werden stellen müssen, gut zusammen. Sobald ihre Kreativität und ihr Erfindungsreichtum aus dem ökonomischen und entwicklungsorientierten Joch befreit sind, stehen die Chancen gut, dass sich ihr beachtlicher sozialer Einfallsreichtum bewährt. Die Postentwicklung, die zwingend pluralistisch sein muss, beinhaltet die Suche nach Formen kollektiver Selbstentfaltung, bei der nicht materieller Wohlstand im Vordergrund steht, der die Umwelt und die sozialen Beziehungen zerstört. Das Ziel eines »guten Lebens« kann, abhängig vom Umfeld, viele verschiedene Formen annehmen. Mit anderen Worten, es geht darum, neue Kulturen zu erschaffen und wiederzufinden.

Noch einmal, wir sprechen hier von einer konkreten und fruchtbaren Utopie und nicht von einem politischen Programm. In Teil III werden wir keine Agenda für den Aufbau autonomer Gesellschaften im Süden vorstellen, weil meiner Ansicht nach der Inhalt des Projekts von den betroffenen Völkern selbst bestimmt werden muss. Sicher wird seine Realisierung im Süden auf zahlreiche Hindernisse stoßen. »Wenn du an einen Löwen denkst, klettere auf einen Baum«, sagt ein Bantu-Sprichwort. Wer sich im Norden an ein solches politisches Projekt wagt, riskiert es, Opfer eines Attentates zu werden, im Süden reicht es, davon zu träumen, um dasselbe Schicksal zu erleiden wie ein Patrice Lumumba, ein

Thomas Sankara oder ein Salvador Allende. Pierre Gevaert, der sich intensiv mit diesem Thema beschäftigt hat, meint dazu: »Besonders Afrikanern steht noch bevor, Sklaven des modernen Komforts zu werden, und sie sollten die folgenden sieben Punkte im Hinterkopf behalten:

1. Nicht zu sehr auf den trügerischen westlichen Reichtum vertrauen, sondern sich eine möglichst große Autonomie bewahren.
2. Ausländische Fremdwährungen (CFA-Franc, Dollar, Pfund Sterling etc.) durch ein lokales, von Tauschringen inspiriertes Tauschmittel ersetzen.
3. Schrittweiser Abbau der für den Export bestimmten Monokulturen durch den Anbau heimischer Nutzpflanzen, deren Aufzucht nicht durch wachstumsverbessernde Zugaben aus dem Ausland abhängig ist (Kunstdünger, Pestizide etc.). Stattdessen Verwendung von organischem Kompost, der sich aus jedem noch so winzigen Strohhalm, Dung und anderen organischen Stoffen erzeugen lässt.
4. Bei Ernteüberschüssen versuchen, das Ausgangsprodukt selbst zu bearbeiten, um sich nicht dem Spiel der Märkte auszusetzen und um von der Wertsteigerung zu profitieren (Beispiel: Sesam- oder Erdnusspaste) [...].
5. Schutz des Bodens und Ackerlandes, indem Parzellen mit kleinen Erosionsschutzdämmen abgeteilt werden.

6. Die Kraft der Sonne nutzen und Solarbacköfen verwenden, die der einheimische Tischler für maximal 100 Euro bauen kann [...].

7. So viele Wasserreservoirs wie möglich schaffen, um ausreichend Regenwasser auffangen und sammeln zu können [...].«[80]

Dieses ausschließlich für die Landwirtschaft konzipierte Programm ist ein praktisches Beispiel dafür, wie die Rückkehr zur Selbstversorgung aussehen könnte.

Und was ist mit China? Diese Frage taucht regelmäßig bei Degrowth-Diskussionen auf. Es ist klar, dass das chinesische (sowie das indische) Wirtschaftswachstum ein Problem für die ganze Welt darstellt. China ist auf dem besten Weg, weltweit der größte Umweltverschmutzer zu werden; 2007 war China bereits der weltgrößte Erzeuger von Treibhausgasen. China beherrscht inzwischen mit seiner Massenproduktion die Welt. Es wäre unmoralisch und im Übrigen sehr schwierig, irgendetwas gegen den Willen der Chinesen durchzusetzen. Dass die aufstrebende Mittelschicht des Landes[81] sich ein eigenes Auto wünscht und am ungebremsten Konsumismus des Westens teilhaben will, ist verständlich, noch dazu, da wir im Grunde für diese Entwicklung verantwortlich sind. Volkswagen und General Motors sind bereits jeweils beim Verkauf von 2,5 Millionen Autos pro Jahr in China angelangt, und Peugeots Absatz in China hat um 28 Prozent zugenommen.[82] Zwar gibt es eine einheimische Autoindustrie, doch die produzierte bis vor Kurzem noch hauptsächlich für den Binnenmarkt.[83] Während wir uns zwar schon eine glückliche Gesellschaft vorstellen können, müssen wir nach wie vor daran arbeiten, in eine unabhängige und nachhaltige Gesellschaft einzutreten, die zwangsläufig materiell genügsam sein muss.

Auf alle Fälle hängt das Schicksal der Welt und der Menschheit sehr stark von den Entscheidungen ab, die Chinas Verantwortliche fällen. Die Tatsache, dass sie sich der ökologischen Katastrophen und der sehr realen Bedrohungen ihrer (und unserer) Zukunft bewusst sind und dass sie wissen, dass die ökologischen Kosten ihres Wachstums in einer ökologischen Bilanz die Gewinne aufzehren oder übersteigen werden (wobei die, die von den Dividenden profitieren, nicht diejenigen sind, die letztlich die Kosten zu tragen haben werden), all das, gepaart mit einer jahrtausende alten Tradition, die so gar nichts mit westlicher Rationalität und Machtstreben zu tun hat, lässt hoffen, dass sie sich nicht geradewegs in die Sackgasse des Wachstums stürzen, deren Ende wir beinahe erreicht haben. Indien befindet sich in einer vergleichbaren Situation und hat sich zum Ziel gesetzt, eine Politik zur Verbesserung der Energieeffizienz auf den Weg zu bringen.[84]

Ein engagiertes Eintreten für die Degrowth-Gesellschaft, mit dem man signalisiert, dass dieses »Modell« erstrebenswert ist und Vorbildcharakter hat, könnte die Chinesen, die Inder und Brasilianer davon überzeugen, die Richtung zu ändern. Hilft man ihnen noch dabei, so könnte es gelingen, die Menschheit vor einem verhängnisvollen Schicksal zu bewahren.

Ist die Wachstumswende reformistisch oder revolutionär?

Es handelt sich in der Tat um eine Revolution. Allerdings möchte ich klarstellen, dass für Cornelius Castoriadis wie für mich »Revolution weder Bürgerkrieg noch Blutvergießen« bedeutet. Diese Gewalt scheint kaum mehr unabwendbar zu sein, wenn man André Gorz glauben kann (und Castoriadis hätte ihm am Ende seines Lebens da nicht widersprochen): »Die kapitalistische Gesellschaft [...] treibt unweigerlich auf einen katastrophalen Kollaps zu; es bedarf keiner revolutionären Klasse mehr, um den Kapitalismus zu zerschlagen, er schaufelt sich sein eigenes Grab und das der industriellen Gesellschaft als Ganzes gleich mit.«[85] Das ist gut so, denn es ist offensichtlich, dass sich mit dem Triumph des Kapitals auch der Klassenkampf erübrigt hat. Die Verlierer dieser über mehrere Jahrhunderte andauernden Auseinandersetzung sind zahlreicher denn je, doch sie sind gespalten, ohne jede Organisation, ohne eine Kultur und stellen keine revolutionäre Klasse mehr dar. Der Untergang des Kapitalismus mag zwar wünschenswert sein, aber er garantiert uns nicht die Morgenröte einer besseren Zukunft. Deshalb brauchen wir trotzdem eine Revolution. »Revolution bedeutet«, führt Castoriadis aus, »dass zentrale Institutionen der Gesellschaft verändert werden durch das Handeln der Gesellschaft selbst: die explizite Autotransformation des Gesellschaftskondensats innerhalb kurzer Zeit. [...] Revolution bedeutet, dass der Großteil der Gemeinschaft in eine Phase ›politischer‹ Aktivität oder, anders ausgedrückt, in eine Phase ›institutioneller‹ Aktivität eintritt. Die gesellschaftliche Imagination macht sich ans Werk und setzt explizit bei der Transformation bestehender Institutionen an.«[86] In diesem Sinne ist das Projekt einer Degrowth-Gesellschaft höchst revolutionär. Es handelt sich hierbei nicht nur um eine kulturelle Veränderung, sondern auch um die Veränderung rechtlicher Strukturen und von Produktionszusammenhängen. Da es sich um ein politisches Projekt handelt, folgt seine Verwirklichung eher einer Ethik der Verantwortung als einer Ethik der Überzeugung. Politik ist nicht die Heimat der Moral, und die Verantwortlichen werden bei ihren Kompromissen mit der Existenz des Bösen leben müssen. Die Suche nach dem Gemeinwohl ist nicht die Suche nach dem Guten schlechthin, sondern eher nach dem kleineren Übel. Doch Realpolitik besteht auch nicht darin, sich der »Banalität des Bösen« auszuliefern, sondern stets auch das Gemeinwohl im Blick zu behalten. In diesem Sinne ist, egal ob radikal und revolutionär, jede Politik vielleicht reformistisch und muss es auch sein, wenn sie nicht in den Terrorismus abgleiten will. Dieser notwendige Pragmatismus politischen Handelns, den wir im dritten Buchteil aufgreifen, bedeutet keine Abkehr von den konkreten Zielen unserer Utopie. Ihr revolutionäres Potenzial, ihre Fruchtbarkeit,[87] ist nicht unvereinbar mit politischem Reformismus, solange die unvermeidlichen Kompromisse des Handelns nicht das Denken kompromittieren.

Teil III
Degrowth – ein politisches Programm

»All jene in der Linken, die sich weigern, sich der Frage des Wachstums ohne Fairness zu nähern, demonstrieren auf diese Art, dass Sozialismus in ihren Augen nichts anderes ist als die Fortschreibung kapitalistischer Sozialbeziehungen und der kapitalistischen Zivilisation sowie des bürgerlichen Lebensstils und Konsummodells mit anderen Mitteln.« André Gorz[1]

Der Entwurf eines kohärenten und wünschenswerten Modells der Degrowth-Gesellschaft ist nicht nur eine theoretische Übung, sondern auch ein wichtiger Schritt in Richtung ihrer politischen Umsetzung. Wir müssen noch tiefer in die Ausarbeitung konkreter Vorschläge eintauchen. Dennoch erscheint mir die tief gehende Selbsttransformation der Gesellschaft und ihrer Bürger wichtiger als das Ergebnis jeglicher Wahlen. Das heißt aber nicht, dass diese »Geburt« spontan und schmerzlos vonstattengehen wird. Die gegenwärtige Politik hat kaum noch Bezug zur Realität, die verändert werden muss, und es ist angebracht, ihr zu misstrauen. Das wiederum heißt nicht, dass das Thema Wahlen keine Rolle mehr spielt. Im besten Fall können Regierungen, die gegen den Strom schwimmen wollen, Prozesse, die ihnen zu entgleiten drohen, nur noch bremsen, verlangsamen oder abmildern. Es existiert eine weltweite »Kosmokratie«, die, ohne es explizit zu wollen, die Politik ihrer Substanz beraubt und ihren Willen mithilfe der »Diktatur der Finanzmärkte« durchsetzt.[2] Alle Regierungen sind, ob sie es wollen oder nicht, »Funktionäre« des Kapitals.

Alternativen zum Produktivismus gibt es auf allen Ebenen: auf der individuellen, der lokalen, der regionalen, der nationalen und der globalen (wobei der europäischen Ebene besondere Aufmerksamkeit gelten muss). Da aber die Tyrannei der »neuen Herren der Welt« vor allem auf der höheren Ebene stattfindet, müssen die passenden Ansätze gefunden werden, um konzertiert und einander ergänzend handeln zu können.

Haben die Anhänger der Wachstumswende ein Wahlprogramm? Wie gedenken sie, das Problem der Arbeitslosigkeit zu lösen? Ist die Wachstumswende mit dem Kapitalismus vereinbar? Kann es eine Wachstumswende im Kapitalismus geben? Handelt es sich um eine Forderung der Rechten oder der Linken? Wird die Degrowth-Bewegung eine neue politische Partei gründen? Wir müssen versuchen, für all diese politischen Fragen Antworten zu finden.

Ein Wahlprogramm

Um die Aufwärtsspiralen der Wachstumswende in Gang zu setzen, sind ganz einfache und scheinbar banale Maßnahmen geeignet.[3] Man kann die Wende zur Degrowth-Gesellschaft mit einer Art Wahlprogramm zusammenfassen, das an bestimmten Punkten mit »gesundem Menschenverstand« entsprechende Konsequenzen aus der oben beschriebenen Diagnose zieht:

1. Rückkehr zu einem ökologischen Fußabdruck, der dem eines Planeten entspricht oder sogar noch darunter liegt, das heißt, wenn alles andere gleich bleibt, Rückkehr zu einer Produktion wie in den Jahren 1960 bis 1970.
   Wie können wir unseren ökologischen Fußabdruck um etwa 75 Prozent reduzieren, ohne ins Steinzeitalter zurückzufallen? Ganz einfach, indem wir die im weitesten Sinne verstandenen »Vorleistungen« (Verkehr, Energie, Verpackungen, Werbung) massiv beschneiden, ohne die Menge dessen, was wir letztlich konsumieren, zu verringern. Zur lokalen Ebene zurückzukehren und Abfall zu vermeiden wäre dabei hilfreich.

2. Einführung einer Umweltsteuer für den Transport/Verkehr entsprechend dem Grad der jeweils verursachten Umweltverschmutzung.

Die externen Kosten, die von den Autofahrern verursacht, aber nicht bezahlt werden, betragen in Frankreich mehr als 25 Milliarden Euro pro Jahr und damit mehr als die Steuern auf Ölprodukte.[4, 5]

3. Relokalisierung der Aktivitäten. Angesichts des Schadens für die Umwelt muss insbesondere die Notwendigkeit infrage gestellt werden, eine beträchtliche Zahl von Menschen und Waren auf dem Planeten hin und her zu transportieren.

4. Wiedereinführung einer bäuerlichen Landwirtschaft, das heißt Förderung einer möglichst lokalen, saisonalen, natürlichen und traditionellen Produktion.
Die Verwendung von chemischen Pestiziden, die Allergien auslösen, das Nervensystem schädigen, das Immunsystem belasten, zu Genveränderungen führen, Krebs auslösen und die Fruchtbarkeit beeinträchtigen oder zu Sterilität führen, sollte nach und nach eingestellt werden.[6]

5. Verwendung der Gewinne aus der Produktivität für eine Senkung der Arbeitszeit und – solange es Arbeitslosigkeit gibt – für die Schaffung von Arbeitsplätzen.
In Frankreich erhöhte sich im Lauf von etwa 200 Jahren die Arbeitsproduktivität um das Dreißigfache,

während die individuelle Arbeitszeit lediglich halbiert wurde, die Arbeitsplätze nahmen nur um das 1,75-Fache zu, während die Produktion um das 26-Fache anstieg (Stand 2006),[7] eine Entwicklung wie sie auch in Deutschland zu beobachten war, wo die Arbeitsproduktivität ebenfalls stark anstieg. Die Prioritäten müssen aber umgekehrt werden: Aufteilung der Arbeit und Vermehrung der Freizeit.

6. Die »Produktion« von zwischenmenschlichen »Gütern« anregen wie Freundschaft oder gute Nachbarschaft, deren »Konsum« nicht die »Vorräte« vermindert, sondern das Gegenteil bewirkt.

»Der intellektuelle Austausch«, erklärt Bernard Maris, »ist etwas völlig anderes als der Handelsaustausch. Bei Ersterem verliert der, der etwas gibt, nichts, und der, der etwas bekommt, nimmt seinem Gesprächspartner nichts. Das Wissen, Kenntnisse, die Kunst können auf diese Weise geteilt und von allen ›konsumiert‹ werden. Der Satz des Pythagoras wird von Millionen Menschen benutzt, findet Tausende Anwendungen, ohne dass irgendwem etwas weggenommen würde. Wissen ist ein kollektives Gut, ein Jungbrunnen, an dem wir uns alle erfrischen können, ohne beim anderen auch nur die geringste Frustration zu erzeugen.«[8] »Das Glück«, heißt es bei Raoul Follereau, »ist das einzige Gut, das man auch dann noch besitzt, wenn man es geteilt hat.« All das »Vergnügen an dem, was man nicht kaufen kann«: »die Freuden einer angeregten Unterhaltung, ein mit Freunden eingenommenes Mahl, eine gute Arbeitsatmosphäre, eine Stadt, in der man sich wohlfühlt, die Teilnahme an dieser oder jener Form der Kultur (beruflich, künstlerisch, sportlich und so weiter) und ganz allgemein das Spektrum der Beziehungen zu anderen. Der Großteil dieser ›Güter‹ und das soziale Leben sind deren Grundlage par excellence, und es gibt sie nur, wenn wir sie zusammen genießen.«[9] »Selbst der letzte Steppenwolf«, meint Jean-Paul Besset, »wird mir zustimmen: Den besten Teil der Freuden (und Leiden) im Leben macht das ›Zwischenmenschliche‹ aus.«[10]

7. Verminderung der Energieverschwendung: Entsprechend der Studien des Vereins négaWatt um den Faktor 4.[11, 12]

8. Schwere Strafen für Werbeausgaben.
Man könnte den Vorschlag von Nicolas Hulot ohne jede Einschränkung übernehmen: »Wir müssen die Möglichkeit prüfen, nach und nach jegliche Werbung in Kindersendungen zu verbieten, insbesondere Botschaften, in denen gesundheitsschädliche Produkte an-

gepriesen werden. Auf diese Weise würde die Konditio-
nierung der Fernsehzuschauer in einem Alter begrenzt,
in dem sie noch nicht über die nötige kritische Distanz
gegenüber den Werbeversprechen verfügen.«[13]

9. Ein Moratorium für technowissenschaftliche Innovationen, eine zuverlässige Bilanz und die Ausrichtung
   wissenschaftlicher Forschung und Technik auf die
   neuen Ziele.[14]
   So müsste beispielsweise eine »grüne Chemie« statt
   toxischer Moleküle entwickelt werden, allenthalben
   Umweltmedizin statt Genetik, Bevorzugung der agro-
   biologischen und agroökologischen vor der agro-
   industriellen Forschung (wie GVO, genetisch verän-
   derte Organismen und andere lebende Hirngespinste).
   Das Moratorium müsste sich auch auf die großen
   Infrastrukturprojekte ausdehnen, auf ITER (den Kernfusionsreaktor »International Thermonuclear Experimental Reactor«, ein gemeinsames Forschungsprojekt
   der EU mit anderen Ländern), Autobahnen, den TGV
   (den französischen Hochgeschwindigkeitszug), Müllverbrennungsanlagen und so weiter.[15]

Dieses erstmals 2004 in einem Artikel von *Le Monde diplomatique* vorgeschlagene Programm gehört in eine Reihe mit
anderen seither gemachten Vorschlägen wie dem ökologi-

schen Vertrag von Nicolas Hulot oder den 164 Maßnahmen im Memorandum des Appel de Paris.[16] Beide enthalten eine Diagnose der Bedrohungen und ein Rezept dagegen, das meinem ähnelt. Darüber hinaus findet man dort eine Fülle von Informationen sowie Details konkreter Maßnahmen, die meine bescheidenen Möglichkeiten überschreiten, aber höchstes Lob verdienen. All das stimmt mit den meisten von Ökologen empfohlenen Maßnahmen überein oder ergänzt sie: Steuern auf Maschinen, keine Steuern auf Arbeit, Landreformen (womit mehr Bauern auf den Plan treten würden) und Bemühungen zur Förderung des Energiesparens sowie Einschnitte beim Verbrauch natürlicher Ressourcen.[17] Man kann auch eine hohe Abgabe ähnlich der Mehrwertsteuer für Produkte erwägen, deren Preise relativ stetig sinken, um damit eine Politik der gleitenden Arbeitszeit zu finanzieren.

Möglich wäre auch, auf von Attac vorgeschlagene Projekte zurückzugreifen, insbesondere im Bereich der Steuern:

- Besteuerung der Finanzwirtschaft: »Die Erhebung von Steuern auf Geldtransaktionen und Aktienhandel«.
- Eine zusätzliche, weltweit geltende Steuer auf die Gewinne transnationaler Unternehmen, um Steuerflucht zu verhindern.
- Außerdem müssten Steuerparadiese und das Bankgeheimnis abgeschafft werden.
- Eine Steuer auf CO_2-Emissionen.

- Eine Steuer auf Atomabfälle mit langer Halbwertszeit und hoher Aktivität.[18]

Da es um den Schutz der Umwelt geht, müssen all diese Schritte jedoch letztlich auf globaler Ebene stattfinden, denn Schadstoffe scheren sich nicht um Ländergrenzen. Das Problem der Umsetzung ist aber noch komplexer, da es bisher direkt oder indirekt den einzelnen Staaten überlassen bleibt, Schritte zu unternehmen.

Im Zentrum dieses Programms steht die Internalisierung von externen ökonomischen Fehlsteuerungen (Schäden, die Akteure anrichten und deren Kosten auf die Gemeinschaft abwälzen). Für alle ökologischen und sozialen Schäden – von Unfällen auf den Straßen bis hin zu Ausgaben für Medikamente gegen die Folgen von Stress – könnten und müssten diejenigen aufkommen, die dafür verantwortlich sind – in erster Linie durch Ökosteuern.

Die drei Bestandteile, die Anreize zu kriminellen Handlungen liefern und im ersten Teil dieses Buchs bereits angeprangert wurden – die Werbung, die geplante Obsoleszenz und Kredite –, sind Negativeffekte der Wachstumsgesellschaft. Auch wenn ihre schädlichen Auswirkungen unermesslich sind, kann ihre Tragweite dennoch durch Besteuerung und Kontrollen eingedämmt werden. Eine solche Politik hätte zwei Folgen: Sie würde unseren ökologischen Fußabdruck zunehmend verringern, und sie würde der Gemeinschaft

wertvolle Ressourcen an die Hand geben, um diese Negativeffekte zu neutralisieren, in Recyclingtechniken zu investieren und den noch unausweichlichen, durch den gegenwärtigen Stand der Dinge hervorgerufenen Schäden zu begegnen.
Außerdem könnte beispielsweise der öffentliche Transport
weiter verbessert und den Armen Unterstützung gewährt
werden, die unter den beträchtlichen Kostensteigerungen bei
den öffentlichen Verkehrsmitteln leiden.

Schon ein stärkeres Bewusstein für Gütertransportkos-
ten hätte enorme Auswirkungen auf die Umwelt und die
Gesundheit; oder wenn die Unternehmen Verantwortung für
gesellschaftliche Felder wie Bildung, Sicherheit und Arbeitslosigkeit übernehmen müssten … Solche »reformistischen«
Maßnahmen stehen im Prinzip im Einklang mit der ortho-
doxen Wirtschaftstheorie, wie sie der Vertreter eines freien
Markts Arthur Cecil Pigou bereits zu Beginn des 20. Jahrhunderts formuliert hat.[19] Wolle man das Optimum (das
höchstmögliche Wohlbefinden aller Konsumenten und Produzenten) erreichen, so meinte er, müssten die Preise durch
ein System der Besteuerung oder Subventionierung korrigiert
werden: Steuern, die gewährleisten, dass Verursacher von
Umweltschäden die Kosten für deren Auswirkungen tragen,
und Subventionen für diejenigen, deren Produktion sich positiv auswirkt. Auf diese Weise sollte dafür gesorgt werden,
dass die Akteure die gesellschaftlichen Folgen ihrer privaten
Entscheidungen bedenken und sie entsprechend anpassen.

Damit war das »Verursacherprinzip« geboren. »Auf diese Weise wird es möglich«, so Denis Clerc, »dass private Interessen und gesellschaftliches (oder allgemeines) Interesse zur Deckung kommen, ohne dass der gegenwärtige Marktmechanismus verändert werden müsste (was durch restriktive Vorschriften nicht erreicht werden kann), sondern es gäbe einfach ein Steuersystem, das ihn korrigiert.«[20] Auf diesem Prinzip beruht auch der ökologische Vertrag, den Nicolas Hulot vorschlägt. Mit dem Unterschied allerdings, dass diese Maßnahmen, bis zur letzten Konsequenz durchgeführt, eine echte Revolution auslösen und die Möglichkeit schaffen würden, nahezu das gesamte Programm einer Degrowth-Gesellschaft zu realisieren. Natürlich würden damit der kapitalistischen Logik folgende Unternehmen weitgehend abgeschreckt, und viele wirtschaftliche Aktivitäten wären nicht mehr »profitabel«: Das System würde ausgebremst. Laut dem International Centre for Technology Assessment würde in den Vereinigten Staaten der Preis für Kraftstoff von über drei Dollar pro Gallone seit Ende 2010[21] auf 14 Dollar hochschnellen, wenn man deren unsichtbare Kosten einbeziehen würde – Autounfälle, Luftverschmutzung, Erhalt der Militärbasen, um die Menschen der Produzentenländer davon abzuhalten, dass sie selbst die Kontrolle über ihr Öl übernehmen, Subventionen für Ölkonzerne.[22] Bei diesem Preis gäbe es wohl keine zivile Luftfahrt mehr, und zweifellos wären auch nicht mehr so viele Autos auf den Straßen zu sehen.

Eine andere Methode, die Internalisierung der negativen externen Effekte unseres Systems zu fördern, bestünde ganz einfach in der Verpflichtung der Unternehmen, die Kosten für die Risiken und Schäden zu tragen, die sie der Gesellschaft aufbürden. Wir wissen bereits, dass keine Versicherungsgesellschaft das Risiko von Atomkraftwerken, Klimawandel, GVOs oder Nanotechnologien übernimmt.[23] Man kann sich gut vorstellen, welche Lähmung sich einstellen würde, müssten Unternehmen die Verantwortung für Gesundheitsrisiken, soziale (Arbeitslosigkeit) oder ästhetische Risiken tragen.

Jeder Politiker, der ein solches Programm vorschlagen und nach seiner Wahl umsetzen würde, würde keine Woche überleben. Im Dezember 1972 hielt der chilenische Präsident Salvador Allende eine Rede vor der UN, in der er diesbezüglich außergewöhnlich deutlich wurde. Wenige Monate später wurde er ermordet, weil er eine Politik eingeleitet hatte, die weitaus weniger subversiv war als mein Vorschlag, und seine Erklärung ist heute aktueller denn je. Allende verglich die Tragödie seines Landes mit einem stillen Vietnam. Das Land sei nicht von Truppen besetzt, und am Himmel über Chile flögen keine Kriegsflugzeuge. Aber es sei mit einer Wirtschaftsblockade konfrontiert und bekomme von den internationalen Finanzinstituten keine Kredite. Es gebe einen Kampf zwischen multinationalen Konzernen und Staaten. Wegen der Multis, die von keinem Staat abhingen, hätten die Länder keine Macht mehr, grundlegende politische, wirtschaftliche und militärische Entscheidungen zu treffen. Die Konzerne übernähmen keinerlei Verantwortung für ihr Handeln und würden von keinem Parlament und keiner das Allgemeininteresse vertretenden Instanz kontrolliert. Mit einem Wort, die politische Struktur der Welt sei auf den Kopf gestellt. Die großen multinationalen Konzerne schadeten den Interessen der Entwicklungsländer. Ihre unterdrückerischen und unkontrollierten Aktivitäten schadeten aber auch den Industrieländern, in denen sie ihren Sitz hätten.[24] Und 1972 sprach noch niemand von Globalisierung!

Wir sind mit der realen Macht der plutokratischen Oligarchien konfrontiert, die die Welt beherrschen und deren sichtbarster Ausdruck die Lobbyisten sind. Die öffentliche Macht, die Verwaltungen, sogar die Forschungszentren werden mehr oder weniger von diesen inzwischen globalen Komplexen beherrscht. Wir dürfen nicht vergessen, dass viele Wissenschaftler, die Alarm schlugen (wegen Asbest, Aflatoxin, Fipronil und Imidaclopride, Heparin, Elektromagnetfeldern, Dioxin, chemischen Stoffen, die das endokrine System schädigen …), von Regierungsstellen aufgrund des Drucks aus der Wirtschaft zum Schweigen gebracht wurden. Die Forschungslabore, die zu den entsprechenden Ergebnissen gekommen waren, wurden nicht mehr subventioniert, und in einigen Fällen verloren Wissenschaftler ihre Stelle (manchmal in Absprache mit Gewerkschaften, die Arbeitsplätze zu »schützen« versuchten[25]).

Vielleicht scheint das Programm einer nationalen Degrowth-Politik paradox. Die Umsetzung realistischer und vernünftiger Vorschläge ist wenig wahrscheinlich und kann nicht erfolgreich sein, solange das System nicht vollständig umgestürzt wird. Dies aber setzt einen Wandel der Vorstellungen voraus, was wiederum nur durch die Realisierung der Utopie einer autonomen und in Konvivialität lebenden Gesellschaft erreichbar ist.

Es mangelt also nicht an Vorschlägen und Lösungen, vielmehr fehlen die Voraussetzungen für ihre Umsetzung. Es sind mehrere Szenarien für einen sanften Übergang denkbar, und die notwendigen Einschnitte könnten allmählich und Schritt für Schritt vorgenommen werden. Der entscheidende Punkt ist, dass ein radikaler Richtungswechsel stattfinden muss. Dafür müssen wir die Voraussetzungen schaffen. Und genau dieses komplexe Projekt steht gegenwärtig an.

Arbeit für alle in der Degrowth-Gesellschaft

Die schärfste Kritik »von links« am Degrowth-Konzept zielt auf die angebliche Verabschiedung vom Ziel der Vollbeschäftigung.[26] Welche Lösungen haben nun die Wachstumsverweigerer, diese »Kinder reicher Eltern«, wie ein Journalist der *Le Monde* sie titulierte, für das Problem der Arbeitslosigkeit anzubieten, wenn sie zu »realistischem Denken« ermahnt werden?[27]

Da für »Wachstumsverweigerer« eine Ankurbelung der Wirtschaft durch Konsum und damit Wachstum nicht infrage kommt, ist eine radikale Verkürzung der Arbeitszeit eine notwendige Voraussetzung, wenn wir uns von einem auf Arbeit beruhenden Modell des Wachstums verabschieden und trotzdem für alle einen befriedigenden Arbeitsplatz bereitstellen wollen. Damit könnte man den Verbrauch an natürlichen Ressourcen in Industrienationen wie Frankreich um zwei Drittel zurückfahren, was dringend geboten ist.

So erklärt sich die Diskrepanz zwischen unseren Vorschlägen und denen der »Ankurbelungsbefürworter« bei der Einschätzung dessen, was in welcher Zeit realisierbar ist: Bei aller Dringlichkeit wird man weder sämtliche Lastwagen von heute auf morgen abschaffen können, die unseren »Überkonsum« (aber auch einen wichtigen Teil unseres Konsums) beliefern, noch unsere vielen Autos oder unsere Flugzeugflotte. Es wird eine Weile dauern, die Produktion, den Handel, unsere Lebensweise umzustellen. Kein Zweifel, das ist eine Herausforderung. Aber wir brauchen dringend eine Veränderung, auch wenn wir damit in ein politisches Wespennest stechen. Langfristig kommen wir nicht an einer ökologisch ausgerichteten Politik vorbei. Sie muss heute noch beginnen, ihre Ziele in Etappen formulieren und darf dabei die Richtung nicht aus den Augen verlieren. Im Übrigen gilt: Ganz gleich, was unsere Gegner sagen, in eine ökologische Politik lässt sich Sozialpolitik mühelos integrieren. Sie ist sogar die Voraussetzung für einen Wandel, der sich nicht bloß mit kosmetischen Veränderungen des Systems begnügt. »Man kann die Umweltkrise nicht lösen, ohne die sozialen Probleme zu lösen«, sagte Murray Bookchin bereits 1990. Dem ist zuzustimmen, allerdings ist mittlerweile die Umkehrung vielleicht sogar noch zutreffender: Man kann die sozialen Probleme nicht lösen, ohne die ökologische Krise zu bewältigen.

Was die Frage der Beschäftigung betrifft, so beziehen sich einige Wachstumsgegner auf »unsere Vorfahren, die eifrig und hart arbeiten mussten, um zu überleben«. Sie glauben sogar, dass die Wachstumsrücknahme nicht Arbeitslosigkeit, sondern eine Verlängerung der Arbeitszeit und ein Überangebot an Arbeitsplätzen bewirken würde.[28] Ein Ende des Produktivismus und der Ausbeutung der Arbeitskräfte im Süden würde mehr Arbeit erzeugen, um damit entsprechend den Konsum der Endverbraucher zu befriedigen (das könnte bei gleichzeitiger erheblicher Reduzierung der Vorleistungen erreicht werden).[29] Laut einer Studie des Landesverbands der französischen Biobauern (FNAB) könnten 90.000 Arbeitsplätze in Frankreich entstehen, wenn die Zahl der Biobauern auf neun Prozent steigen würde (zurzeit bewirtschaften Biobauern vier Prozent der landwirtschaftlich genutzten Flächen Frankreichs). Würde sie 15 Prozent erreichen, wären das 120.000 bis 150.000 zusätzliche Arbeitsplätze.[30] Auch das Ende des Erdölzeitalters wird unvermeidlich mehr Arbeitsplätze bringen. Die fossilen Brennstoffe (Erdöl, Gas und Kohle) machen heute 85 Prozent des Primärenergieverbrauchs der Welt aus.[31] Ein Barrel Erdöl entspricht energetisch 25.000 Stunden menschlicher Arbeit (genauer, 10.000 Stunden, wenn man nur die effizientesten Maschinen einsetzt), das heißt, dass unser täglicher Verbrauch an fossilen Brennstoffen der täglichen Arbeit von 300 Milliarden Menschen entspricht: »Das wäre etwa so, als hätte jeder Mensch auf der Erde 50 Sklaven zu seiner Verfügung.«[32]

Wenn Frankreich die europäische Vorgabe umsetzen würde und 20 Prozent seines Stroms aus erneuerbaren Energiequellen wie Sonne und Wind gewinnen würde, könnten damit 240.000 Arbeitsplätze geschaffen werden.[33,34] Laut einem Bericht der Europäischen Kommission aus dem Jahr 2005 führt jede Million Euro, die in die Steigerung der Energieeffizienz investiert wird, zu 12 bis 16 Vollzeitarbeitsstellen, im Gegensatz zu 4,5 Arbeitsstellen bei Investition desselben Betrags in ein Kernkraftwerk oder 4,1 Arbeitsstellen in ein Kohlekraftwerk.[35] Anders ausgedrückt, es ist zweimal billiger, eine Kilowattstunde einzusparen, als eine zu produzieren.

Wir sind also mit vier Faktoren konfrontiert, die sich unterschiedlich auswirken: (1) dem unbestreitbaren Produktionsrückgang, der aus der Abkehr vom thermoindustriellen Modell, von umweltschädlichen Techniken und energiehungrigen Industrien resultieren würde; (2) der Relokalisierung von Wirtschaftsaktivitäten und der Beendigung der Ausbeutung des Südens; (3) der Schaffung von (grünen) Arbeitsplätzen in den neuen Wirtschaftsbereichen; (4) der Änderung unseres Lebensstils und dem Verzicht auf die Befriedigung unnötiger »Bedürfnisse« (erhebliche Einschnitte in den Bereichen Werbung, Verkehr, Autoindustrie, Agrarindustrie, Biotechnologie etc.). Die drei Ersteren erhöhen die Menge der Arbeit, die Letztere verringert sie. Die »Versorgungsreserven« sind so groß, dass sich die Bedürfnisse einer konvivialen »Art de vivre« durch eine spürbare Reduzierung der Arbeitszeit befriedigen ließen. Über Jahrhunderte wurden schließlich Produktivitätszuwächse systematisch in gesteigerte Leistung anstatt in die Verminderung der dazu nötigen Arbeitskraft transformiert. Vergessen wir auch nicht, dass Produktivitätsgewinne infolge von technischen Innovationen regelmäßig überschätzt werden, weil ihren weniger augenfälligen Kosten nicht Rechnung getragen wird. Gleichzeitig werden die potenziellen Produktivitätsgewinne dank konvivialer Werkzeuge, wie Ivan Illich es nannte, systematisch unterschätzt.[36] Man kann davon ausgehen, dass nach der Abkehr von umweltschädlichen Techniken und einem starken Rückgang der weltweiten Produktivität ein bescheidenes, aber verlässliches Produktivitätswachstum einsetzen wird, insbesondere im Bereich der ökologischen Effizienz. Das ermöglicht, zumindest theoretisch, einen sanften Übergang. Natürlich kann man hier verschiedene Simulationsmodelle entwerfen und diskutieren. Auf jeden Fall sollte eine Gesellschaft, die Abschied vom Wachstum nimmt, allen, die es wünschen, produktive bezahlte Arbeitsplätze anbieten, statt mehr oder weniger künstlich nicht auf den Markt gerichtete Aktivitäten in bezahlte Arbeit umzuwandeln und die Zahl parasitärer oder gering qualifizierter Arbeitsplätze zu erhöhen.

Übrigens kann es paradoxerweise durchaus sein, dass sich in der Anfangszeit eine Politik der Wachstumsrücknahme zunächst auf makroökonomischer Ebene durch einen Anstieg der Produktion bemerkbar macht, da die Nachfrage nach ökologischen Produkten und Ausrüstungen sowie nach den entsprechenden Fachkräften steigt.

Lester Brown macht neun produktive Bereiche aus, die in einer »Solar«-Ökonomie, also einer auf erneuerbaren Energien gegründeten Ökonomie, entwickelt werden sollten: der Bau von Windkraftanlagen und den zugehörigen Turbinen, die Produktion von Solarzellen, die Fahrradindustrie, die Produktion von Wasserstoff und entsprechenden Motoren, der Bau leichter Eisenbahnwaggons, die biologische Landwirtschaft und die Wiederaufforstung. In jedem Bereich müssen neue Berufe entwickelt werden, vom Forstexperten bis zum Architekten für ökologisches Bauen.[37]

Die Reduktionen, die Reparaturen, das Recycling, die alle mit dem Ende der geplanten Obsoleszenz verbunden sind, schaffen ebenfalls neue Beschäftigungen, und zwar andere als jene, wie sie üblicherweise von der traditionellen Linken vorgeschlagen werden, die Krankenhäuser und Schulen bauen wollen, um Arbeitsplätze zu »retten«. Ich schlage hier nicht eine blinde weltweite »Neuauflage der Wirtschaft« vor. Das Problem ist nicht die wirtschaftliche Rezession, der Kampf gilt dem Über- und dem Hyperkonsum. Dennoch ist die Wachstumsrücknahme kein starres Dogma, sie stellt lediglich die Logik des »Wachstums um des Wachstums willen« infrage. Zusammen mit der Reduktion der Arbeitszeit und dem Abbau nachteiliger Beschäftigungen kann die Ausweitung neuer wünschenswerter Arbeitsfelder für eine insgesamt positive Beschäftigungsbilanz sorgen.

In einer Übergangsphase, deren Dauer schwer abzuschätzen ist, kann die Produktionssteigerung zur Reduktion der Arbeitszeit und zur Schaffung von Arbeitsplätzen genutzt werden, ohne dass es zu Lohneinbußen (zumindest nicht im Niedriglohnbereich) oder zu einer Verminderung der Gesamtproduktion kommt, die sich lediglich inhaltlich ändert. Der Übergang kann schmerzlos vollzogen werden, es kommt vor allem darauf an, die Ziele nicht aus den Augen zu verlieren. Durch die Änderung unserer Lebensweise lösen wir auch das Problem der Arbeitslosigkeit. Wenn wir Arbeit jedoch weiterhin als Selbstzweck betrachten, wird sich die Gesellschaft nicht ändern, und wir steuern geradewegs in die Katastrophe.

Wachstumsrücknahme und
Ausstieg aus der Arbeitsgesellschaft

Eine drastische Senkung der Arbeitszeit ist der beste Schutz vor Kurzarbeit und Arbeitslosigkeit. Das Recht auf Arbeit, stets im Fadenkreuz der Neoliberalen, weil es Entlassungen erschwert, muss aus diesem Grund nicht nur erhalten bleiben, sondern sogar gestärkt werden. Es kann die unerlässliche Wachstumsrücknahme nur erleichtern. Mindestlöhne in vernünftiger Höhe sind vonnöten, um die falsche Theorie mancher Ökonomen von der freiwilligen Arbeitslosigkeit auszuhebeln. Es ist dringend geboten, der Arbeit ihren Warencharakter zu nehmen. Der derzeitige Trend zum »Sozialdumping« ist ebenso inakzeptabel wie der zum »Ökologiedumping«.[38] Im Jahr 1946 konnte ein zwanzigjähriger Lohnempfänger damit rechnen, ein Drittel seiner Lebenszeit mit Arbeit zu verbringen, im Jahr 1975 war es nur noch ein Viertel, heute ist es weniger als ein Fünftel. Haben die Menschen aber dadurch das Gefühl, von der Arbeit befreit zu sein? Wahrscheinlich weniger denn je. »Die Angestellten erleben keineswegs das Ende der Arbeit, wie es die sinkenden Wochenarbeitszeiten vermuten lassen sollten, sondern vielmehr Arbeit ohne Ende, Arbeitslosigkeit, Isolation, Stress, Angst und die Gewissheit, ihren Arbeitsplatz über kurz oder lang zu verlieren.«[39]

Die Reduktion der Arbeitszeit und die Veränderung ihres Inhalts sind vor allem Entscheidungen der Gesellschaft und im Rahmen einer durch die Wachstumsrücknahme eingeleiteten kulturellen Revolution zu sehen. Den Menschen mehr freie Zeit zu lassen und es ihnen zu ermöglichen, sich in der Politik, im Privatleben, in der Kunst oder auch bei Spiel und Kontemplation zu entfalten, ist die Voraussetzung für eine neue Art des Reichtums. »Der Raum, den unsere unterdrückten Bedürfnisse in unserem Herzen hinterlassen haben, wird von unseren Talenten gefüllt werden; Kunst, Poesie und Wissenschaft werden jeden Tag ein wenig mehr wachsen und sich dort einwurzeln«, meinte bereits Gabriel Tarde.[40]

Die entscheidende Frage ist also nicht die genaue Zahl der nötigen Arbeitsstunden, sondern die Bedeutung der Arbeit als »Wert« in unserer Gesellschaft. Wir haben in den vergangenen Jahren die Orientierung verloren, und die Politiker der Linken sind davon nicht ausgenommen. Während manche eine völlige Veränderung der Arbeitswelt oder gar das Ende der Arbeit prophezeien,[41] plädieren andere für eine absurde Neuauflage der Arbeitsideologie. Dieselbe Verwirrung herrscht hinsichtlich des Rentenalters: Erst wurde der vorzeitige Ruhestand propagiert, nun geht der Trend zur längeren Lebensarbeitszeit.[42] Einige kritisieren, dass uns das französische System des Mindestlohns (RMI) die Probleme beschert, die einst mit der Speenhamland-Gesetzgebung in England (Sozialgesetze zur Armutsbekämpfung)[43] entstanden, während gleichzeitig von rechter wie linker Seite ein »Bürgergeld« gefordert und die 35-Stunden-Woche heftig attackiert wird. Wie in allen westlichen Ländern, so herrscht auch in Frankreich über das gesamte politische Spektrum hinweg in der Beschäftigungspolitik vor allem eines: Ratlosigkeit.

Zur Degrowth-Gesellschaft gehört mithin sowohl eine quantitative wie eine qualitative Veränderung der Arbeit. Einige haben schon individuell den Ausstieg aus der Arbeitsgesellschaft vollzogen, ihre Erfahrungen können uns einen Weg weisen, vorausgesetzt, dass wir der unbegrenzten Akkumulation widerstehen und uns dem Teufelskreis aus ständig wachsenden Bedürfnissen und immer höherem Einkommen entziehen können.

Dies versucht zum Beispiel die Initiative REPAS (Réseau d'échange des pratiques alternatives et solidaires),[44] aber auch zum Beispiel Menschen, die in Ökodörfern oder Kommunen leben. Weniger und anders arbeiten kann bedeuten, wieder Freude am Müßiggang zu finden oder den verloren gegangenen Überfluss der Jäger und Sammler wiederzufinden, deren Gesellschaften Marshall Sahlins untersucht hat.[45] Selbstbeschränkung ist in gewisser Weise auch eine Form von »Wachstumsverweigerung«. Die Schaffung objektiver Voraussetzungen für eine solche Veränderung auf gesellschaftlicher Ebene ist ein entscheidender Schritt in die Degrowth-Gesellschaft.

»Changer la vie« – »Das Leben ändern« hatten sich die französischen Sozialisten für den Wahlkampf des Jahres

1981 auf die Fahnen geschrieben, und der Slogan von Attac lautet: »Eine andere Welt ist möglich«. Doch das kann nicht mit alten Rezepten angegangen werden, sondern nur, wenn man einen wirklichen Bruch wagt. Kompromisse in der Übergangsphase dürfen nicht dazu führen, die nicht verhandelbaren Ziele aus den Augen zu verlieren. Das weitgehende Scheitern des Projekts 35-Stunden-Woche ist die Folge solch mangelnder Entschlusskraft. Lehrreich ist auch, sich genauer anzuschauen, warum das Grundsatzprogramm der SPD aus dem Jahr 1989 nicht umgesetzt wurde. Es zielte auf die »Reduktion der wöchentlichen Arbeitszeit auf 30 Stunden an fünf Tagen, die Einführung des Rechts auf ein Sabbatjahr und zusätzlichen (bezahlten) Urlaub für Eltern und Menschen, die pflegebedürftige Personen versorgen.«[46] Es verschrieb sich außerdem dem Ziel der Wachstumsrücknahme: »Was die natürlichen Grundlagen des Lebens gefährdet, muss reduziert und beseitigt werden.«[47] Dazu zählte man Atomkraftwerke und ansatzweise auch den privaten Automobilverkehr. Das damalige Programm folgte der Idee, ökologische und ökonomische (also kapitalistische) Rationalität zu einer Win-win-Strategie zusammenzuschließen. »Langfristig gesehen, kann das, was ökologisch unvernünftig ist, nicht ökonomisch vernünftig sein [...] Die ökologischen Notwendigkeiten müssen die Grundprinzipien des ökonomischen Handelns werden. Wenn wir uns rechtzeitig für die ökologische Modernisierung engagieren, verbessern wir unsere Chancen, die Märkte von morgen zu erobern, und steigern die Wettbewerbsfähigkeit unserer Wirtschaft.«[48] Der Grund des Scheiterns lag ohne Zweifel darin, dass man sich nicht traute, die kapitalistische Logik infrage zu stellen. »Es wäre illusorisch zu glauben und töricht, darauf zu hoffen«, so kommentiert Gorz, »dass die Ausrichtung an ökologischer Vernunft die Wachstumsrücknahme und die Umwandlung der klassischen Industrien in eine ›Umweltökonomie‹ ausgleichen und alle Arbeitskräfte und alles zuvor anderswo eingesetzte Kapital aufnehmen könnte. Für zahlreiche Unternehmen kann der ökologische Umbau in einer Übergangsphase zum Wachstumsmotor werden, aber das kann, vom makroökonomischen Standpunkt aus betrachtet, langfristig nicht das Ziel sein. [...] Es handelt sich hierbei um eine unvermeidliche Politik, und die Darstellung, man könne sich freiwillig um ihrer ökonomischen Vorteile willen für sie entscheiden, ist falsch.«[49] Abgesehen von einigen bemerkenswerten Fortschritten im Umweltbereich in Deutschland und gewissen sozialen Fortschritten in Frankreich (RMI, 35-Stunden-Woche) ist weder das soziale noch das ökologische Europa auch nur in Ansätzen verwirklicht.

Doch worauf zielt diese Politik für mehr Freizeit eigentlich ab? Im Jahr 1962 veröffentlichte der Soziologe Joffre Dumazedier eine bahnbrechende Studie unter dem Titel »Vers la société de loisir?«, in der er eingehend die drei Funktionen des Müßiggangs untersuchte: Entspannung, Abwechslung und Persönlichkeitsentwicklung. Dabei ging er von der

Vorstellung eines »autonomen Subjekts« aus. Ungefähr zur selben Zeit kam Henri Lefebvre zu dem Schluss: »Wir erschaffen uns nicht mehr durch, in und mit unserer Arbeit«, denn in einer »bürokratischen Gesellschaft des gelenkten Konsums« sei »der Sinn des Lebens ein Leben ohne Sinn«.[50]

Wenn es nicht gelingt, dem Leben seinen »Zauber« zurückzugeben, dann ist auch die Wachstumsrücknahme zum Scheitern verurteilt. Solange sich der Charakter der Lohnarbeit nicht ändert, wird die arbeitende Klasse nicht die »Fähigkeit zum Müßiggang« besitzen, das heißt »die objektiven und subjektiven Möglichkeiten, die Freizeit mit autonomen Aktivitäten zu füllen«.[51] Wie Daniel Monthé zeigt, bleibt unter den gegenwärtigen Bedingungen auch die Freizeit der Ökonomie unterworfen. Die Menschen verwenden den größten Teil ihrer Freizeit nicht dazu, sich ihr eigenes Leben zurückzuerobern oder aus dem herrschenden Konsummodell auszubrechen. Vielmehr gehen sie Aktivitäten nach, die selbst wiederum vom Warencharakter geprägt sind und es dem Konsumenten nicht ermöglichen, sich auf den Weg der Eigenproduktion zu machen. Er ist in einer Spur gefangen, die er nicht verlassen kann. Auch der Freizeitbereich professionalisiert und industrialisiert sich immer mehr.[52] Der Ausstieg aus dem gegenwärtigen Produktions- und Arbeitssystem erfordert aber eine ganz andere Organisation, in der der Müßiggang und das Spiel gleichberechtigt neben der Arbeit bestehen und in der die sozialen Beziehungen Vorrang vor der Produktion und dem Konsum von unnützen oder gar schädlichen Wegwerfprodukten haben. »Im Grunde genommen«, schreibt François Brune, »stehen wir vor der Aufgabe, uns unsere persönliche Zeit zurückzuerobern. Unserer Zeit wieder Qualität zu geben. Einer Zeit, die die Langsamkeit und die Kontemplation kultiviert und vom Gedanken an Produkte befreit ist.« Um Hannah Arendt aufzugreifen, würden damit nicht nur die beiden unterdrückten Komponenten der »vita activa«, die Arbeit des Handwerkers oder Künstlers und die im eigentlichen Sinn politische Aktivität, aufgewertet, auch die »vita contemplativa« würde dadurch rehabilitiert. Nach André Gorz brauchen wir »eine ›Politik der Zeit‹, die allem einen neuen Rahmen gibt, dem Leben, der Kulturpolitik, der Ausbildung und der Bildung, und die die sozialen Dienste und die kollektiven Einrichtungen in einer Weise umbaut, dass mehr Platz für selbstbestimmte Aktivitäten, gegenseitige Hilfe, Kooperation und freiwillige Eigenproduktion entsteht.«[53] Das ist vielleicht der Punkt, an dem besonders deutlich wird, wie wir im Unterschied zu unseren Kritikern die Dinge sehen. Wer Arbeitsplätze um jeden Preis erhalten will, wie es Christophe Ramaux und detaillierter Jean-Marie Harribey vorschlagen, fühlt sich zumeist, bewusst oder unbewusst, innerlich der Arbeitsgesellschaft verbunden. Aber es geht nicht darum, sie zu erhalten, sondern sie hinter uns zu lassen. Die Arbeitspropaganda war so erfolgreich, dass diejenigen, die ihr zum Opfer gefallen sind, nun eine Neudefinition von »wahrer« Arbeit als schöpferische Tätigkeit vorbringen, die sie mit der Geburt eines Kindes verglichen haben, und sie damit vom Lohn abkoppeln, mit dem sie historisch verknüpft ist.[54] Nun bedauert man sogar, dass die Arbeit ihr Reich und ihre Herrschaft über das Leben nicht noch weiter ausgedehnt hat, sodass auch die Haus»arbeit« und die ehrenamtliche Tätigkeit als Arbeit anerkannt und endlich entlohnt werden könnten.

Der Alchemie der Warenwirtschaft ist es oft genug gelungen, »noch mehr Arbeitsplätze zu schaffen« und den Geldwert zu steigern, ohne damit die Befriedigung durch Waren zu vergrößern, manchmal sogar, indem sie diese im Gegenteil verminderte. Durch Transport, Verpackung, Werbung, durch das Image der Marke lässt sich der Preis für Arzneistoffe, Joghurt, Wasser und sämtliche Lebensmittel erhöhen, ohne ihre Qualität zu verbessern.[55] Aber für diese künstliche Wertsteigerung werden erhebliche Mengen Energie und Materialien (Transport, Verpackung, Konservierung, Werbung ...) benötigt. Jeder Versuch einer Wachstumsrücknahme sollte zunächst vor allem bei diesem mittelbaren Konsum ansetzen. Der verzweifelte Versuch, auf unserem bereits erschöpften Planeten noch mehr Güter zu produzieren (Aquakulturen, genveränderte Lebensmittel, Kernenergie, um nur einige Beispiele zu nennen), hat katastrophale ökologische Folgen. Natürlich werden dadurch Arbeitsplätze geschaffen (wenn auch oft nur schlecht bezahlte). Aber es wäre möglich, dieselbe Befriedigung unserer Bedürfnisse durch eine drastische Reduktion der Arbeitszeit und eine starke Abschwächung des ökologischen Fußabdrucks zu erreichen.

»Wenn man aber auch noch das wenige, was wir noch selbst produzieren und tun können, vermarktet, professionalisiert und auf den Arbeitsmarkt wirft, zerstört man dann nicht endgültig unsere Fähigkeit, uns um uns selbst zu kümmern, und untergräbt so die Fundamente einer gelebten Sozialität und das Gefüge zwischenmenschlicher Beziehungen?«[56] Einige Kunstkniffe, mit denen unsere Aktivitäten unter dem Vorwand, »Arbeitsplätze zu retten«, in Arbeit verwandelt werden sollen, ähneln jenen, mit denen die Arbeitslosenstatistiken geschönt werden. »Es könnte keine Grenze für die Schaffung von Arbeitsplätzen geben«, fügt Gorz hinzu, »wenn es gelänge, jene Arbeiten in bezahlte Dienstleistungen zu verwandeln, die die Leute bisher selbst gemacht haben.«[57] »Die Schaffung von Arbeitsplätzen hängt heute nicht hauptsächlich von der ›ökonomischen‹ Aktivität ab, sondern von der ›antiökonomischen‹; nicht von der ›produktiven‹ Ersetzung der Lohnarbeit durch die private Arbeit der Eigenproduktion, sondern durch ihre ›kontraproduktive‹ Ersetzung.«[58]

So zieht man eine neue Dienerschaft heran, schafft sich ein neues Sklaventum. Daher die Fragwürdigkeit der persönlichen Dienstleistungen, mit denen man uns dauernd in den Ohren liegt!

Im Gegensatz dazu bedeutet eine Wiederentdeckung der Qualitäten außerhalb der Logik der Warenwelt ein Abnehmen der ökonomischen Werte. Wenn man beispielsweise für sich selbst außerhalb des Marktes produziert, verringert man nicht nur den ökologischen Fußabdruck und das BIP, sondern kann auch noch seine persönliche Zufriedenheit steigern. Deshalb ist die Empfehlung mancher Globalisierungsgegner – zur Bekämpfung der Arbeitslosigkeit die Zahl der Dienstleistungskräfte zu erhöhen – eine »schlechte gute Idee«.[59] Diese Wiedereroberung der »freien« Zeit ist eine notwendige Bedingung der Entkolonialisierung des Imaginären. Sie betrifft Arbeiter und Angestellten ebenso wie die gestressten Manager, die von der Konkurrenz gebeutelten Arbeitgeber und die Freiberufler, die im Schraubstock der Wachstumszwänge stecken. Sie haben nun die Chance, bei der Errichtung der neuen Gesellschaft der Wachstumsrücknahme von Gegnern zu Verbündeten zu werden.

Ist die Wachstumswende mit dem Kapitalismus vereinbar?

Ist Degrowth möglich, ohne aus dem Kapitalismus auszusteigen? Diese Frage taucht bei öffentlichen Diskussionen regelmäßig auf. Einige Kritiker werfen uns vor, uns mit der kapitalistischen Ausbeutung arrangiert zu haben, weil wir die Globalisierung und das Wachstumsdenken anprangern,

ohne sie eindeutig als ultraliberal und kapitalistisch zu ver-
urteilen.[60] In Wahrheit kritisiert man uns aber dafür, dass
wir mit dem schmutzigen Badewasser des Kapitalismus und
des Neoliberalismus auch das Kind der Entwicklung, des
Wachstums und der Wirtschaft ausschütten. Mit anderen
Worten, wir lehnen es ab, den Traum von einer »anderen«
Wirtschaft, einem »anderen« Wachstum, einer »anderen«
Entwicklung zu »retten« (den man wahlweise als keynesia-
nisch, öffentlich, sozialistisch, human, vertretbar oder sau-
ber ... betiteln kann).

Traditionellerweise besteht die Antwort eines gewissen
Teils der extremen Linken darin, einem bestimmten Gebilde, dem »Kapitalismus«, die Schuld für alle Probleme und
für unsere gesamte Hilflosigkeit zu geben, womit gleichzeitig
auch das Ziel des Angriffs klar definiert ist. In Wirklichkeit
ist es heutzutage schwierig, dem Feind ein Gesicht zu geben,
denn Wirtschaftsgebilde wie multinationale Unternehmen
sind naturgemäß nicht in der Lage, Macht direkt auszuüben.
Big Brother ist anonym und die Dienstbarkeit seiner Unter-
tanen »freiwilliger« denn je, denn die Manipulation durch
die alles zersetzende Werbung ist unendlich viel wirksamer
als jede politische Propaganda. Wie können wir unter solchen
Umständen dieser Megamaschine überhaupt »politisch« begegnen?

Wir beharren nicht auf einer spezifischen Kapitalismus-
kritik, denn wozu das Offensichtliche sichtbar machen? Die-

se Kritik wurde bereits sehr gut von Karl Marx geleistet. Und doch reicht die Kritik am Kapitalismus nicht aus: Wir müssen auch die Idee der Wachstumsgesellschaft an sich hinterfragen. Und in diesem Punkt kann uns Marx nicht weiterhelfen. Die Wachstumsgesellschaft zu hinterfragen beinhaltet auch, den Kapitalismus zu hinterfragen – umgekehrt gilt das nicht so selbstverständlich. Ein mehr oder weniger liberaler Kapitalismus und ein produktivistischer Sozialismus sind zwei Varianten ein und derselben Wachstumsgesellschaft, die auf der Entfesselung der Produktivkräfte gründet.

Unfähig, ökologische Beschränkungen einzubeziehen, bleibt die marxistische Kritik an der Moderne seltsam mehrdeutig. Die kapitalistische Wirtschaft wird zwar kritisiert und gegeißelt, aber das Wachstum der von ihr entfesselten Kräfte gilt als »produktiv«, auch wenn sie mindestens genauso zerstörerisch sind. Am Ende wird dem Wachstum, das vor allem unter den Aspekten der Triade Produktion/Beschäftigung/Konsum gesehen wird, fast nur Gutes zugeschrieben, während es andererseits unter dem Gesichtspunkt der Akkumulation des Kapitals für alle Übel verantwortlich sein soll: die Proletarisierung der Arbeiter, ihre Ausbeutung, ihre Pauperisierung, ganz zu schweigen von Imperialismus, Krieg und Krisen (und dazu würde natürlich auch die ökologische gehören) etc. Der Wechsel der Produktionsverhältnisse (nichts anderes ist die notwendige und herbeigesehnte Revolution) läuft daher auf einen mehr oder weniger gewaltsamen Umsturz hinaus, in dem es darum geht, wer die Früchte des Wachstums ernten soll. Der Streit tobt also weiterhin über die Verteilung des Wachstums, aber als Prinzip bleibt es unangetastet.

Da Wachstum und die Entwicklung im Wesentlichen Kapitalanhäufung und Entwicklung des Kapitalismus bedeuten, heißt Wachstumsrücknahme zwangsläufig Abschaffung der Kapitalanhäufung, des Kapitalismus, der Ausbeutung und des Raubbaus. Es genügt nicht, die Akkumulation zu verlangsamen, man muss das ganze Konzept infrage stellen, um diesen zerstörerischen Prozess umzukehren.[61]

Auf die nichtmarxistische Linke, die sich schon seit Ewigkeiten mit dem System abgefunden hat, wird man dabei allerdings nicht setzen können …

Unser Konzept einer Degrowth-Gesellschaft besteht weder in der unmöglichen Rückkehr zu vergangenen Zuständen noch in einem Kompromiss mit dem Kapitalismus. Sie strebt vielmehr an, die Moderne zu »überholen« (soweit möglich, in einem geordneten Übergang). »Man kann den Kapitalismus ebenso wenig davon ›überzeugen‹, das Wachstum einzustellen, wie man einen Menschen dazu ›überreden‹ kann, nicht mehr zu atmen«, schreibt Murray Bookchin.[62] Die Wachstumsrücknahme ist notwendigerweise antikapitalistisch. Dies nicht so sehr deshalb, weil sie die Widersprüche und ökologischen und gesellschaftlichen Grenzen des Kapitalismus aufzeigt, sondern weil sie gegen dessen »Geist« an sich gerichtet ist, jenen »Geist des Kapitalismus«, den Max

Weber als seine Voraussetzung ausgemacht hat. Während es theoretisch durchaus möglich scheint, eine Wirtschaft zu entwerfen, die mit dem Fortbestand eines Kapitalismus des Immateriellen ökologisch verträglich wäre, erscheint dies unrealistisch, wenn man auch die imaginären Grundlagen der Marktgesellschaft betrachtet: die Maßlosigkeit und die grenzenlose (Pseudo-)Herrschaft. Ein sich auf alles erstreckender Kapitalismus führt unweigerlich zur Zerstörung des Planeten, so wie er auch die Gesellschaft und alles Gemeinschaftliche zerstört.

»Den Kapitalismus überwinden«: eine griffige Formel für einen historischen Prozess, der alles andere als einfach ist. Die »Beseitigung der Kapitalisten«, das Verbot von Privatbesitz an Produktionsmitteln, die Abschaffung der Lohnarbeit oder des Geldes, dies alles würde die Gesellschaft ins Chaos stürzen und wäre ohne Terrormaßnahmen im großen Stil nicht umzusetzen. Und es würde nicht genügen, um auch die kapitalistische Ideenwelt abzuschaffen, ganz im Gegenteil.

Könnte man in einer Gesellschaft nach dem Ende der Wirtschaftsentwicklung noch von Geld und von »Märkten«, von Profit und Lohnarbeit reden?[63] Diese »Institutionen«, die manche allzu schnell mit dem Kapitalismus gleichsetzen, sind nicht notwendigerweise Hindernisse an sich. Viele menschliche Gesellschaften kennen Märkte (gerade in Afrika), Geld und natürlich auch den kommerziellen, finanziellen und gewerblichen Gewinn (in Afrika zumeist von Handwerkern generiert). Sie kennen auch die Bezahlung für geleistete Arbeit, die wir »Lohn« nennen. Aber diese »ökonomischen« Verhältnisse dominieren weder die Produktion noch die Zirkulation der »Güter und Dienstleistungen«. Vor allem sind sie nicht so miteinander verknüpft, dass sie »ein System« bilden. Es sind keine Marktgesellschaften, keine Lohngesellschaften, keine Industriegesellschaften und schon gar keine kapitalistischen Gesellschaften, auch wenn es in ihnen sowohl »Kapital« als auch »Kapitalisten« gibt. Die Vorstellungswelt dieser Gesellschaften ist so wenig von der Wirtschaft geprägt, dass sie ihre Wirtschaft leben, ohne eigentlich um sie zu wissen. Der Entwicklungsgedanke, die Wirtschaft und das Wachstum hinter sich zu lassen, erfordert also nicht, auf sämtliche gesellschaftlichen Einrichtungen zu verzichten, die mit der Wirtschaft in Verbindung stehen, sondern sie in eine andere Logik »einzubetten«.[64] Die Wachstumsrücknahme kann als »Ökosozialismus« betrachtet werden; vor allem wenn man mit Gorz unter Sozialismus »die positive Antwort auf die Zerstörung der sozialen Bindungen durch die Warenbeziehung und die Konkurrenz, die Charakteristika des Kapitalismus«,[65] sieht.

Ist die Wachstumswende ein rechtes oder ein linkes Konzept?

Die Degrowth-Bewegung ist revolutionär und antikapitalistisch (sogar antiutilitaristisch), und ihr Programm ist auf jeden Fall ein politisches. Doch steht es politisch eher rechts oder eher links? Viele Umweltschützer sind mit Thierry Paquot der Meinung, dass »heutzutage der entscheidende politische Gegensatz nicht mehr der zwischen ›links‹ und ›rechts‹ ist, sondern der zwischen denen, die echte ›Umweltsorge‹ umtreibt, und den Räubern«.[66] Dem kann man nur zustimmen, und man könnte hinzufügen, dass das von uns vorgeschlagene Programm, so vernünftig es ist, ebenso wenig Unterstützung von links wie von rechts bekommt. Bemerkenswert ist allenfalls, dass jene, die ernsthafte Umweltsorge umtreibt und die nicht der Linken zuzuordnen sind (Nicolas Hulot, Corinne Lepage, Yann Marthus-Bertrand), befremdlich oft schweigen, wenn es um die Räuber geht ...

Tatsächlich gibt es auch eine Kritik von rechts an der Moderne, so wie es einen rechten Antiutilitarismus und einen rechten (in den Parlamenten nur schwach vertretenen) Antikapitalismus gibt. Es ist nicht verwunderlich, dass sich die rechte Kritik an der Arbeitsgesellschaft und am Produktivismus aus denselben Argumenten speist wie unsere Kritik. Man kann auch nicht übersehen, dass trotz des schönen Buchs von Paul Lafargue, des Schwiegersohns von Karl Marx, *Das Recht auf Faulheit*[67] – bis heute eine der mutigsten Attacken auf die Arbeitsgesellschaft und den Produktivismus – und trotz der anarchistischen Traditionen im Marxismus, die in der Frankfurter Schule wiederauflebten, trotz des Rätekommunismus und des Situationismus radikale Kritik an der Moderne öfter von der Rechten als von der Linken kommt. So viel Herausragendes sie mit Hannah Arendt oder Cornelius Castoriadis geleistet hat, die sich an den Argumenten antirevolutionärer Denker wie Edmund Burke, Louis de Bonald oder Joseph de Maistre gerieben haben, politisch ist diese Kritik weitgehend verhallt. Maoismus, Trotzkismus und andere linke Strömungen waren genauso produktivistisch wie der orthodoxe Kommunismus.

Es gibt allerdings keinen Grund, den Antiproduktivismus von rechts und den Antiproduktivismus von links gleichzusetzen, auch nicht den linken oder rechten Antikapitalismus und Antiutilitarismus.

Selbst wenn die Linksregierungen eine rechte Politik verfolgen und sich hinter einem Sozialliberalismus verschanzen, weil sie es nicht wagen, »das Denken und die Fantasie zu dekolonialisieren«, so können (und konnten) die Wachstumsverweigerer, Parteigänger des Aufbaus einer Gesellschaft des konvivialen, gelassenen und nachhaltigen Degrowth, doch (wenn auch schwache) Unterschiede zwischen politischen Positionen à la Jospin und Chirac, Royal und Sarkozy, Schröder und Merkel, Prodi und Berlusconi und sogar zwischen Blair und Thatcher ausmachen … Wenn sie wählen gehen (was ich ihnen dringend ans Herz lege), dann wissen sie, dass zwar kein Regierungsprogramm die notwendige Reduzierung unseres ökologischen Fußabdrucks verfolgt, man sich aber dennoch eher an jenen orientieren sollte, die Werte des Teilens, der Solidarität, der Gleichheit und Brüderlichkeit vertreten, und nicht an jenen, die für die Freiheit des Unternehmertums (und die Ausbeutung) stehen. Wenn man mit Hans Jonas diese Werte auch auf zukünftige Generationen anwendet, dann muss man einfach nur die Ausplünderung der Natur infrage stellen, vor allem die Massaker an anderen Arten, und man kommt automatisch von einem engen Anthropozentrismus ab. Deshalb kämpfen wir so entschlossen gegen die Globalisierung und den Wirtschaftsliberalismus.

Andererseits warnt Hervé Kempf vor der »List der Geschichte, die dazu führen kann, dass sich eine autoritäre Regierung der ökologischen Notwendigkeiten bedient, um Freiheitsbeschränkungen akzeptabel zu machen, ohne die Ungleichheit anzutasten. Die Reaktion auf Epidemien, Nukleaarunfälle, zunehmende Umweltverschmutzung, die zahlreichen Klimaflüchtlinge, all dies könnte dazu genutzt werden, unsere Freiheiten zu beschneiden.«[68] So würde man vom gegenwärtigen schleichenden Totalitarismus der plutokratischen Oligarchie, die formell noch den demokratischen Schein wahrt, in einen Ökofaschismus oder brutalen Ökototalitarismus geraten, den schon André Gorz als Möglichkeit gesehen hat: »Die ›natürlichen‹ Grundlagen des Lebens könnten auch von einer Öko-Industrie oder einer Öko-Wirtschaft produziert und reproduziert werden, die denselben Vorgaben der Gewinnmaximierung folgt wie die Konsumindustrie. [...] Die Reproduktion der Lebensgrundlagen kann im Rahmen eines Öko-Techno-Faschismus stattfinden, der die natürlichen Kreisläufe durch künstliche ersetzt und das Leben, auch die Fortpflanzung, die menschliche eingeschlossen, ökonomisiert, Föten und Organe kommerzialisiert sowie die Leistung der lebenden Organismen und auch des Menschen mittels Gentechnik maximiert.«[69]

Brauchen wir eine Degrowth-Partei?

»Man kann sich leicht vorstellen, dass autoritäre Regime angesichts einer weltweiten ökologischen Katastrophe einer in Panik und Apathie verfallenden Bevölkerung drakonische Restriktionen auferlegen. [...] Und wenn es keine neue Bewegung gibt, kein Wiederaufleben des Projekts Demokratie, dann kann der ›Umweltschutz‹ sehr wohl Teil einer neofaschistischen Ideologie werden«, mahnte Castoriadis. Wenn wir dieser erschreckenden Perspektive das Konzept der Wachstumsrücknahme entgegensetzen, dann in der Hoffnung, dass die Anziehungskraft einer Utopie der Konvivialität, kombiniert mit dem Druck der Unausweichlichkeit einer Veränderung, groß genug sind, um eine »Entkolonialisierung des Imaginären« zu bewirken. Und dass sie genügend »positives« Verhalten erzeugen, sodass eine vernünftige Lösung möglich wird: eine ökologische Demokratie. Castoriadis kommt zu einem ähnlichen Schluss: »Es ist unausweichlich, in ein radikaldemokratisches Politikprojekt eine ökologische Komponente einzubauen. Das ist umso mehr geboten, als die Infragestellung der Werte und Orientierungen der gegenwärtigen Gesellschaft, die mit einem solchen Projekt verbunden ist, unlösbar mit der Kritik an der Idee der ›Wirtschaftsentwicklung‹ verknüpft ist, die unser Leben bestimmt.«[70]

Heißt das nun, dass wir an dem Punkt angelangt sind, wo wir aus einer Bewegung eine Degrowth-Partei machen sollten? Ich denke nicht. Eine vorzeitige Verfestigung der Ideen der Wachstumswende in Form einer politischen Partei birgt die Gefahr in sich, ins Politisieren zu verfallen, uns als politische Akteure von der gesellschaftlichen Wirklichkeit abzuschneiden und uns im politischen Ränkespiel zu verlieren. Noch sind die Voraussetzungen nicht gegeben, die uns darauf hoffen lassen könnten, dass der Aufbau einer Gesellschaft der Wachstumsrücknahme gelingen kann. Außerdem ist zweifelhaft, ob sie sich im überholten Rahmen des Nationalstaats verwirklichen ließe.[71] Doch je trostloser dieser in seiner Schwäche wird, desto größer scheint die Versuchung, politische Spielchen zu treiben. Die Kandidaten der Parteien reißen sich darum, Kapital aus dem (meist sehr begrenzten) Erfolg dieser oder jener berechtigten Forderung zu schlagen.

Angesichts dessen halte ich es für wichtiger, sich in die Debatte einzubringen, die Menschen dazu zu bringen, diese oder jene Argumente in Erwägung zu ziehen und insgesamt dazu beizutragen, Einstellungen zu verändern. Das ist gegenwärtig unsere wichtigste Aufgabe und unser Bestreben.

Schlussbetrachtung: Ist Degrowth ein humanistisches Projekt?

»Sind die Menschen verrückt geworden? Es kommt mir mehr und mehr so vor. All dies kann und wird noch zu unserem Untergang führen. Es sei denn …«

Dominique Belpomme[1]

Die Anhänger der Wachstumsrücknahme stehen wie alle Umweltschützer unter dem Generalverdacht, den Anthropozentrismus der Aufklärung zugunsten eines kompromisslosen Ökozentrismus aufzugeben und einer fundamentalistischen Ökologie mit »Antispezies«-Prägung zu verfallen – anders gesagt, man unterstellt, dass ihnen das Überleben der Schaben wichtiger sei als das der Menschheit. Wer noch eine spirituelle oder gar eine religiöse Dimension hinzufügt, dem wird sogleich »Ökolatrie« vorgeworfen. Es folgen Anschuldigungen, man würde die Rückkehr zu einem engen, lokal ausgerichteten Kommunitarismus fördern, verknüpft mit Schimpfwörtern wie: Ewiggestrige, Obskurantisten, Reaktionäre.[2]

Die Degrowth-Bewegung gehört sicherlich nicht zu den oberflächlichen Ökologiekonzepten, sondern eher zur sogenannten Tiefenökologie. In der Form, wie Arne Naess diese popularisiert hat, tendiert sie vielleicht ein wenig zu sehr zum Ökozentrismus, wohingegen sich viele Anhänger des Degrowth sicher eher als Vertreter des Humanismus sehen. Über diesen Punkt herrscht ziemliche Verwirrung, die sich durch die Tendenz zum Schwarz-Weiß-Denken nicht lichtet.[3] Muss man sich also unvermeidlich zwischen Ökozentrismus und Anthropozentrismus, zwischen Humanismus und Artenfeindlichkeit, zwischen absolutem Relativismus und dogmatischem Universalismus, zwischen Moderne und Tradition entscheiden? Wie diesen alten, ineinander verhakten, immer wieder aufflammenden und letztlich unlösbaren Streitfragen entrinnen? Den Humanismus eines George W. Bush, den Anthropozentrismus eines Descartes, Bacon oder Teilhard de Chardin, den rassistischen Universalismus[4] von Kant abzulehnen: Impliziert das notwendigerweise, die Besonderheit des Menschen abzulehnen, seine Würde zu verkennen und sich in kulturelle Gettos einzuschließen?

Zunächst einmal muss man sich darüber verständigen, was »Humanismus« eigentlich ist. Im Wesentlichen ist Humanismus die Überzeugung, dass der Begriff »menschliches Wesen« eine essenzielle/substanzielle Realität enthält, die über die bloße Existenz der Spezies hinausgeht. Anders gesagt, die Menschlichkeit des Menschen existiert unabhängig von konkreten Menschen (in der Gegenwart, Vergangenheit und Zukunft) als »Abstraktion« und nicht bloß als »gemeinsamer Nenner«. Das Wesen des Menschen beruht auf etwas, das ihn von allen anderen Arten radikal unterscheidet und das von einigen »Seele«, von anderen »Vernunft« genannt wird. Diese Transzendenz ist nicht bloß in der allgemeinen Idee des »Menschen« immanent, sondern auch in ein problematisches Konzept von Ewigkeit eingeschrieben. Diesem Konzept zufolge besitzen die Menschen als höhere Wesen (natürliche) Rechte über die anderen Wesen der Natur: eben die Menschenrechte oder die Rechte des Menschen. So erklärt sich die Bedeutung des Disputs von Valladolid im 16. Jahrhundert über die Versklavung und die Seele der Indianer (während selbige Indianer weiße Gefangene im Wasser verfaulen ließen, um zu überprüfen, ob es sich bei ihnen um außerirdische Wesen handelte: Götter, Vorfahren, Dämonen …). »Der Humanismus«, schreibt Djémil Kessous, »der den Menschen in den Mittelpunkt des Universums rückt, kann als anthropozentrischer Partikularismus bezeichnet werden.«[5]

Dass dem so ist, daran herrscht im Abendland kein Zweifel (auch ich unterschreibe es als Abendländer). Deshalb sind wir bereit und fühlen wir uns verpflichtet, jeder Form von Rassismus und Diskriminierung (Hautfarbe, Geschlecht, Religion, Ethnie …) Widerstand zu leisten. Unglücklicherweise sind diese Phänomene im Westen aber noch weit verbreitet.

Denken wir nur an Guantánamo, an Abu Ghraib, an die Einwanderungs- und Sicherheitsgesetze von Sarkozy, an die Grenzanlagen zwischen den Vereinigten Staaten und Mexiko und vieles andere. Die amerikanische Gesetzgebung hat mit der Legalisierung der Folter einen Gipfel unsäglicher Heuchelei unter den christlichen Humanisten erreicht, die sich als Verteidiger von Demokratie und Menschenrechten aufspielen. Ein Problem ist, dass viele Kulturen die tiefe Trennung zwischen Natur und Kultur gar nicht kennen. So gehören für die Asmat auf Neuguinea manche »Tiere« eindeutig zur Familie der »Menschen«, während die Mitglieder des Nachbarstamms unter die Kategorie Lebensmittel fallen! Ich bin zutiefst davon überzeugt, dass sie sich damit auf einem Irrweg befinden. Leider könnte ich ihnen das nur mit den Mitteln meiner eigenen Kultur zeigen (dasselbe gilt andersherum für die Asmat, sofern sie überhaupt daran interessiert wären, mich zu ihrer Weltanschauung zu bekehren). Habe ich deshalb aber das Recht, meine Überzeugungen mit Gewalt durchzusetzen?

In meinen Augen ist Degrowth als Gründungsphilosophie einer autonomen Gesellschaft wahrscheinlich kein humanistischer Entwurf, beruht dieses Konzept doch nicht nur auf einer Kritik an der Wirtschaftsentwicklung, am Wachstum, am Fortschritt, an der Technik und der Moderne überhaupt, sondern es bricht auch mit der Vorstellung, dass der Westen der Nabel der Welt ist. Es ist also kein Zufall, wenn

die Mehrheit derjenigen, die den Gedanken der Wachstumsrücknahme entwickelt haben (Illich, Ellul, aber auch Claude
Lévi-Strauss, Robert Jaulin, Marshall Sahlins und viele andere) den westlichen Humanismus kritisieren.

Der Siegeszug des Leitbilds der Globalisierung, einer Ex-
tremform der Moderne, hat dazu geführt, dass jeder noch
so moderate relativistische Diskurs im Keim erstickt wird.
Menschenrechte, Demokratie und selbstverständlich Wirtschaft (also der Markt) haben als transkulturelle Konstanten
die Weltbühne erobert und werden nicht mehr infrage gestellt. Wir erleben ein mächtiges Wiederaufleben des abendländischen Ethnozentrismus in der neuen Form der arroganten Vergötterung eines allumfassenden Marktes. Selbst die
Anthropologen, schon von Berufs wegen eigentlich Relati-
visten, haben, wie Lévi-Strauss einmal meinte, die Segel ge-
strichen.[6]

Die jüngste Stigmatisierung des Relativismus, nun als
»Kommunitarismus« bezeichnet, »dient als Deckmantel,
insbesondere seit dem 11. September«, schreibt Annamaria
Rivera, »für Hegemoniebestrebungen, die frühere mühevol-
le Versuche, eine Politik der Vermittlung und gegenseitigen
Anerkennung zwischen den Gemeinschaften und Kulturen
zu etablieren, zunichtemachen.«[7] Für diesen »universalistischen Fanatismus« (wie es Claudio Marta nannte)[8] gibt es
zahlreiche Belege von Ideologen und Politikern bis hin zum
Papst.[9]

Im August 2000 wandte sich eine Gruppe von Theologen unter der Führung von Kardinal Ratzinger, später Papst Benedikt XVI., in einer Erklärung unter dem Titel »Dominus Jesus« gegen die Ideologie des interreligiösen Dialogs, die sie als Ausdruck eines »relativistischen Dogmas« betrachteten. Der Text fordert die katholische Kirche auf, sich mehr darum zu bemühen, ihre Botschaft den anderen religiösen Traditionen zu vermitteln: »Die Fülle der Wahrheit findet sich nur im Herzen der katholischen Kirche.«[10] Diese dogmatische Position zerstört die Bemühungen um Inkulturation, die vom II. Vatikanischen Konzil und der bewundernswerten Arbeit des indisch-katalanischen Theologen Raimon Panikkar ausging, der sein ganzes Leben der Förderung des interreligiösen Dialogs als Musterbeispiel der Interkulturalität gewidmet hat.

Dieser universalistische Fanatismus wird berechtigterweise von Franco Cardini angegriffen: »Wir sehen uns der systematischen Konstruktion eines neuen Totalitarismus gegenüber, der jede Art von Leben und Denken, die vom herrschenden Paradigma abweicht, als ›relativistisch‹ verteufelt, sich aufspielt, als besäße er ein Monopol auf das Gute, und der dabei jede andere Form des Denkens und jede andere religiöse, kulturelle oder soziale Vorstellung als ›barbarisch‹ oder ›tyrannisch‹ verwirft.«[11] Für die Iranerin Maryam Namzie ist der Relativismus »der Faschismus unserer Zeit«, da er »die Barbarei unterstützt und legitimiert«. »Er bejaht, dass die Rechte der Menschen von ihrer Nationalität, ihrer

Religion und ihrer Kultur abhängen. [...] Die Anhänger des kulturellen Relativismus schrecken nicht davor zurück zu verlangen, dass wir auch Kulturen und Religionen respektieren müssen, die wir verachten. [...] Die Anhänger des kulturellen Relativismus scheuen sich nicht zu sagen, dass die universellen Menschenrechte ein westliches Konzept sind [...] Sie sind die Verteidiger des Holocausts unserer Zeit.«[12]

Angesichts solcher ethnozentristischer, universalistischer Verwirrungen mag es hilfreich sein, an die Empfehlung zu erinnern, die 1947 einer der bedeutendsten amerikanischen Anthropologen, Vorstandsmitglied der Amerikanischen Gesellschaft für Anthropologie, Melville J. Herskovits, der Menschenrechtskommission der Vereinten Nationen mit auf den Weg gab, die an einer Ausarbeitung der Allgemeinen Erklärung der Menschenrechte arbeitete.[13] In diesem Text formulierte der Anthropologe auch eine präventive Kritik am Universalismus (der universalistischen Ideologie, nicht der universalistischen Idee): »Jeder Versuch, Postulate aus den Überzeugungen oder dem Moralkodex einer einzigen Kultur abzuleiten, reduziert die Möglichkeit, eine Deklaration der Menschenrechte, gleich welcher Art, auf die gesamte Menschheit anzuwenden«,[14] schrieb er. Die Furcht, letztlich auch die »Nazikultur« zu relativieren, führte damals dazu, dass die Warnung von Herskovits und seine Forderung nach Universalität und Pluralität keine Beachtung fand. Heute hat der Islamismus die Rolle dieses Schreckgespenstes übernommen und dient als Rechtfertigung für dieselbe Weigerung, die Menschenrechte zu kontextualisieren, und ist der Anlass zur Instrumentalisierung der legitimen Forderungen von Frauen, die zwangsweise unter der Scharia leben.

Kurz gesagt, vielleicht sollten wir Abschied vom universalistischen Traum nehmen, der nicht nur durch seine totalitären und terroristischen Auswüchse ziemlich an Glanz verloren hat, sondern auch den Imperialismus des Wachstumsdenkens stützt und uns zu einer Anerkennung der Vielfalt, der »Diversalität« («diversalité« – ein Neologismus des kreolischen Schriftstellers Raphaël Confiant) oder zu einem notwendigerweise relativistischen »Pluriversalismus« durchringen, also zu einer echten »Demokratie der Kulturen«? Aus diesem Grund ist das Projekt der Wachstumsrücknahme kein Fertighausmodell, sondern eine Quelle der Vielfalt.

Dennoch, das Konzept der Wachstumsrücknahme ist auf keinen Fall ein Antihumanismus oder ein Antiuniversalismus. Zwischen dem Animismus, der Tiere und Dinge wie Personen behandelt, und der Verdinglichung des Menschen durch moderne Technoökonomie gibt es ein weites Feld für Respekt gegenüber Dingen, Lebewesen und Personen. Vielleicht sollte man hier eher von A-Humanismus reden, so wie ich von A-Wachstum rede. Daraus folgt keinesfalls eine Ablehnung jeder Axiologie, wie mein Freund Michel Dias (2006) denkt, ganz im Gegenteil.[15] Der erste Punkt der »großen R« in der Aufwärtsspirale zur Errichtung der Wachstumswende ist nicht ohne Grund die »Reevaluation«. Die nötigen Werte (Altruismus, Konvivialität, Respekt vor der Natur usw.) erlauben uns auch, in einen Dialog mit anderen Kulturen zu treten, ohne sie mit der Arroganz des Universalismus und seiner Übermacht zu zerstören: weil wir die Relativität dessen, an was wir glauben, akzeptieren. Als Abendländer bin ich bereit, eine ganze Menge »humanistischer« Werte mit Zähnen und Klauen zu verteidigen. Aber ich mache daraus kein absolutes Prinzip, und ich glaube nicht, dass ich das Recht habe, einen Hindu davon abzubringen, die Tötung einer Kuh als Verbrechen zu betrachten. Andererseits hält mich das auch nicht davon ab, ein saftiges Steak zu genießen.

Eine Kritik an der Modernität mündet nicht zwangsläufig in ihre schlichte Ablehnung, eher in ihre Überwindung. Wir müssen ihren Niedergang und die triumphierende Fremdbestimmung durch die Diktatur der Märkte anprangern, und zwar im Namen des Emanzipationsprojekts der Aufklärung und des Aufbaus einer autonomen Gesellschaft.

Zwischen dem blinden oder dogmatischen Anthropozentrismus der abendländischen Moderne und der animistischen Sakralisierung der Natur ist ohne Zweifel Raum für einen ökologischen Anthropozentrismus.[16] Es ist das Überleben der Menschheit, man könnte also sagen, Humanismus im besten Sinne, was uns dazu verpflichtet, Umweltfragen ins Zentrum der sozialen, politischen, kulturellen und spirituellen Beschäftigung mit dem menschlichen Leben zu stellen. Die Rechte der Natur anzuerkennen (Tiere, Pflanzen und alles andere) und für »Ökogerechtigkeit« und »Ökomoralität« zu kämpfen impliziert nicht notwendigerweise, die Ökolatrie neuer ökologischer Kulte anzuerkennen, noch uns ökofeministischen Hohepriesterinnen und synkretistisch-neuheidnischen »New-Age«-Kulten zuzuwenden, die überall aufblühen, um die Seelenleere orientierungsloser Gesellschaften zu füllen. Zugegeben, im Unterschied zu anderen religiösen Traditionen wie dem Buddhismus hat das abendländische Christentum kein harmonisches Verhältnis zwischen dem Menschen und seiner belebten wie unbelebten Umwelt entwickelt. Der Marxismus hat dies fortgesetzt, was Hans Jonas zu der Bemerkung veranlasste: »Die Humanisierung der Natur ist für Marx ein heuchlerischer Euphemismus, um die totale Unterwerfung ebendieser Natur durch den Menschen und ihre totale Ausbeutung zur Befriedigung ausschließlich seiner Bedürfnisse voranzutreiben.«[17]

Die Realisierung einer Degrowth-Gesellschaft erfordert in meinen Augen notwendigerweise eine Wiederverzauberung der Welt.[18] Aber wir müssen uns darüber klar werden, was das bedeutet. Die Entzauberung der modernen Welt ist viel simpler, geht aber zugleich viel tiefer, als die Analyse von Max Weber denken lässt. Sie ist weniger eine Folge des Triumphs der Wissenschaften und der Entthronung der Götter als der unglaublichen Banalisierung der Dinge, die das thermoindustrielle System produziert. In diesem Sinn ist es wirklich eine Entzauberung und nicht bloß eine »Entmythologisierung«.[19] Die massive Nutzung fossiler Energie, die uns gratis von der Natur geliefert wird, entwertet die menschliche Arbeit und autorisiert eine unbegrenzte Plünderung der natürlichen »Reichtümer«. Daraus resultiert ein künstlicher, entfesselter Überfluss, der jede Möglichkeit des Staunens vor den Gaben des »Schöpfers« und den kunsthandwerklichen Fähigkeiten der menschlichen Geschicklichkeit zerstört. Das lässt sich gut am Beispiel des Versuchs illustrieren, die Kommerzialisierung von Rentieren bei den Inuits einzuführen.[20] »Wissen Sie«, antwortete der Bürgermeister des Dorfes dem Regierungsvertreter, »wir haben eine lange Geschichte mit den Rentieren, wir fragen uns, ob wir ihnen das antun können [...] Um die Rentiere in den räumlichen Warenkreislauf einzubringen, müsste man sie aus ihrer zeitlichen Vernetztheit, ihrer Geschichte herauslösen und von ihrer Beziehung zu den Inuit trennen; wir müssten sie in Objekte verwandeln, sie in Stücke schneiden und verkaufen, so wie man es im modernen Produktionsprozess tut.« Es ist diese Banalisierung als Ware, der sich auch der Künstler widersetzt, weshalb ihm beim Aufbau einer echten Gesellschaft der Wachstumsrücknahme eine unverzichtbare Rolle zukommt. »Der Künstler erinnert den modernen Menschen daran, dass er in alles, was er tut, einen gewissen Animismus legen muss, wenn er will, dass die Dinge einen Sinn haben [...] Der Künstler bezeugt vielleicht die Tatsache, dass der Animismus die einzige

Philosophie ist, die die Dinge und die Umwelt respektiert, eine Philosophie, die an den Geist des Geschenks angepasst ist, der in den Dingen zirkuliert und von dem die Moderne uns abgeschnitten hat.«[21] Animismus hin oder her, einer Gesellschaft der Wachstumsrücknahme hätte Oscar Wilde bestimmt zugestimmt, der sagte: »Alle Kunst ist gänzlich nutzlos« – und daher notwendig.

Anmerkungen

Vorwort Latouche

1 *Une seconde nature*, Pau 1981, S. 108.
2 Mille et une nuits, Paris, 2004.
3 Nach Nicolas Truong, *Le Monde diplomatique*, janvier 2005.
4 Ich möchte an dieser Stelle schon auf die miteinander zusammenhängenden »großen R« verweisen, die in die Aufwärtsspirale einer echten, dem Leben zugewandten und nachhaltigen Abkehr vom Wachstum führen können: Reevaluation, Rekonzeptualisierung, Restrukturierung, Redistribution, Relokalisation, Reduktion, Recycling.
5 *Le Pari de la décroissance*, Paris 2006.
6 L'Écologiste, Nr. 20, September – November 2006.
7 »Décroissance et politique«, November 2006; »Travail et décroissance«, April 2007, Lyon.

Einleitung

1 John Stuart Mill, *Grundsätze der politischen Oekonomie*, 1869, john-stuart-mill.pdf.
2 Unter Fettleibigkeit leiden 60 % der amerikanischen und 30 % der europäischen Bevölkerung (Quelle: Dominique Belpomme, *Avant qu'il ne soit trop tard*, Fayard, Paris 2007, S. 138).
3 Der Club of Rome hat nach *Die Grenzen des Wachstums* (Stuttgart 1972) Folgeberichte veröffentlicht, immer unter der Leitung von Dennis Meadows: *Die*

neuen Grenzen des Wachstums, Stuttgart 1992, und *Grenzen des Wachstums. Das 30-Jahre-Update*, Stuttgart 2006.

4 Erklärung von 22 Biologen, mehrheitlich Amerikanern, die vor den Gefahren bestimmter chemischer Verbindungen warnten.

5 Internationale, auf Betreiben von Professor Dominique Belpomme verfasste Erklärung, um auf die durch das Wirtschaftswachstum verursachten gesundheitlichen Risiken aufmerksam zu machen.

6 Millennium Assessment Report, *Living Beyond Our Means* (Leben über unsere Verhältnisse): Natural Assets and Human Well-Being (http://www.millenniumassessment.org). Es handelt sich dabei um einen Bericht der Vereinten Nationen, der auf den Arbeiten von 1.360 Spezialisten aus 95 Ländern beruht und in Tokio am 30. März 2005 veröffentlicht wurde. Er zeigt auf, dass der Mensch und sein Handeln die Regenerationskapazität der Ökosysteme so sehr überstrapazieren, dass die wirtschaftlichen, sozialen und gesundheitspolitischen Ziele, die von der internationalen Gemeinschaft für das Jahr 2015 vereinbart worden waren, nicht erreicht werden.

7 Vgl. Nicolas Hulot, *Pour un pacte écologique*, Calmann-Lévy, Paris, 2006.

Teil I

1 Paul Hazard in: *Le Malaise américain* (1931), zitiert in: Jean-Pierre Tertrais, *Du développement à la décroissance. De la nécessité de sortir de l'impasse suicidaire du capitalisme*, Paris 2006, S. 66.

2 Siehe »La Décroissance pourquoi?«, *Vert contact*, Nr. 709, April 2004.

3 »Objectif décroissance: la croissance en question«, *Campagnes solidaires*, Monatszeitschrift der Confédération paysanne, Nr. 182, Februar 2004.

4 *Politis*, 11. Dezember 2003.

5 Nach der Wiederbelebung durch die »Verdi« (die Grünen) war das Thema Auslöser der Konflikte zwischen der »Rifondazione« (Partei der kommunistischen Wiedergründung) und anderen Gruppierungen des Anti-Berlusconi-Bündnisses. Paolo Cacciari wurde nach der Veröffentlichung seines Plädo-

yers für Wachstumsrücknahme *Pensare la decrescita: Sostenibilità ed equità* (Cantieri Carta 2006) auf der Liste der Kommunisten zum Abgeordneten für Venedig gewählt, und Maurizio Pallante, Verfasser der Denkschrift *La Decrescita Felice: La Quantità della Vita non dipende dal PIL* (Rom 2005), wurde Berater des neuen grünen Umweltministers.

6 Bei den Grünen mit größerem Nachdruck von Yves Cochet und etwas weniger stark von José Bové eingefordert. Die Kandidaten des französischen Präsidentschaftswahlkampfs mussten letztlich jedoch alle zu dieser Frage Stellung beziehen.

7 Den aktuellen Status quo sowie weitere Meilensteine der Degrowth-Bewegung benennt Ulrich Brand in: Blätter für deutsche und internationale Politik 10/2014, http://leipzig.degrowth.org/wp-content/uploads/2014/08/bran1014.pdf (Anm. Lektorat).

8 Siehe Simon Charbonneau, *Résister à la croissance des grandes infrastructures de transport* und Monestier, Jean in: *Entropia*, Nr. 2, sowie »La Grande Illusion des aéroports régionaux«, in: Fil du Conflent Nr. 14, April/Mai 2007. (Eine aktuelle, informative Grafik »Baustopp!« findet sich auf: http://images.zeit.de/wissen/2014-02/s45-infografik-wutbuerger.pdf, Anm. Lekt.).

9 Hervé-René Martin, *Éloge de la simplicité volontaire*, Paris 2007. Siehe dazu auch Latouche, Serge, *Le Pari de la décroissance*, a. a. O., S. 101–111.

10 Zahlreiche Unternehmen, Gemeinden und Initiativen, die nach den Prinzipien Teilen, Tauschen und Kooperieren funktionieren, stellen die Bücher *Einfach! Jetzt! Machen!* von Rob Hopkins sowie *Glücksökonomie* von Annette Jensen und Ute Scheub vor (Anm. Lekt.).

11 Insbesondere *Politis, Carta, Le Monde diplomatique* sowie die Zeitschrift *Décroissance* und ihr italienisches Pendant *La Decrescità* und die bereits erwähnte Zeitschrift *Entropia*.

12 Paul Ariès, *Décroissance ou barbarie*, Lyon 2005.

13 »Das Konzept des Wirtschaftswachstums stellt ein Ziel in sich selbst dar und impliziert, dass die Gesellschaft als Mittel zum Zweck dient.« François Flahaut, *Le Paradoxe de Robinson. Capitalisme et société*, Paris 2005, S. 16.

14 Wörtlich würde es heißen: Fortschritt durch Rückschritt.

15 Siehe dazu Serge Latouche, »En finir une fois pour toutes avec le développement«, in: *Le Monde diplomatique*, Mai 2001.

16 Siehe dazu »Brouillons pour l'avenir: contributions au débat sur les alternatives«, in: *Les Nouveaux Cahiers de l'IUED*, Nr. 14, Paris/Genf 2003.

17 Dies entspricht dem von André Gorz geprägten (und nicht besonders glücklich gewählten) Begriff der »ökologischen Rationalisierung». »Der Sinn ökologischer Rationalisierung kann zusammengefasst werden unter dem Stichwort: weniger, aber besser. Die ökologische *Modernisierung* setzt voraus, dass Investitionen nicht im Interesse des Wachstums getätigt werden, sondern in dem der wirtschaftlichen Wachstumsrücknahme, das heißt der Begrenzung des Bereichs, der im Sinne unserer Zeit von wirtschaftlichen Überlegungen dominiert wird. Ohne Beschränkung der Dynamik der Kapitalakkumulation und ohne eine durch Selbstbeschränkung herbeigeführte Verringerung des Konsums wird es keine ökologische Modernisierung geben. Die Notwendigkeit der ökologischen Modernisierung entspricht einem veränderten Umgang im Nord-Süd-Verhältnis und der Wiederbelebung der originären Gedanken des Sozialismus.« André Gorz, *Capitalisme, socialisme, écologie,* Paris 1991, S. 93.

18 Peter Brabeck-Letmathe, seinerzeit Generaldirektor von Nestlé, auf dem Weltwirtschaftsforum in Davos, 2003. Zitiert nach: Jacquiau, Christian, *Les Coulisses du commerce équitable*, Paris 2006, S. 151.

19 Michel-Édouard Leclerc in: *Le Nouvel Économiste*, 26. März 2004. Zitiert in Jacquiau, Christian, a. a. O., Paris 2006, S. 281.

20 Interessanterweise erfüllte noch 2006 laut dem »Living Planet Report« des WWF nur ein einziges Land die Anforderungen einer nachhaltigen Entwicklung mit insbesondere einem hohen Maß an menschlicher Entwicklung und einem einwandfreien ökologischen Fußabdruck: Kuba! Trotzdem und entgegen den vorhandenen Daten legt der Bericht des damaligen Weltbank-Chefökonomen Stern (wie auch der in Frankreich populäre Fernsehjournalist und Grüne Nicolas Hulot) einen oberflächlichen Optimismus an den Tag: *»Ökologie und Wachstum sind kein Widerspruch.«*

21 Die Abkürzung REACH steht für »Registration, Evaluation, Authorisation and Restriction of Chemicals«: die Chemikalienverordnung der EU.

22 Selbst ein so traditioneller Ökonom wie Claudio Napoleoni schrieb am Ende seines Lebens: »Wir dürfen uns nicht mehr damit zufriedengeben, ein ›neues Konzept für wirtschaftliche Entwicklung‹ zu entwerfen. Die Bezeichnung ›neues Konzept für wirtschaftliche Entwicklung‹ ist obsolet. Wenn es darum geht, ein neues Konzept zu entwerfen, wird es sich nicht mehr mit Wirtschaftsentwicklung befassen. (…) Ich glaube nicht, dass wir zu gleicher Zeit das Problem steigenden Wachstums und einer qualitativen Änderung der Entwicklung lösen können.« In: *Cercare ancora. Lettere sulla laicità e ultimi scritti*, Rom 1990, S. 92.

23 Traoré, Aminata, *Le Viol de l'imaginaire*, Paris 2002.

24 Die Alternativbewegung ist da keine Ausnahme: »Ich habe mich gegen den Begriff ›Wachstum‹ gestemmt, der die ›Wirtschaftsentwicklung‹ vereinnahmt hatte«, erklärt Alain Lipietz (Ökonom und Politiker der französischen Grünen). In: »Heute kämpfe ich gegen den Begriff ›Degrowth‹«. In: »Peut-on faire l'économie de l'environnement?«, *Cosmopolitiques*, Nr. 13, 2006, S. 117.

25 Hervé Kempf, *Comment les riches détruisent la planète*, Paris 2007. »Aber«, fügt er hinzu, »es sind die Profite und die Gewohnheiten, die einen Richtungswechsel verhindern.«

26 Interview mit Bernard Saincy und Fabrice Flipo: »CGT et Amis de la Terre: quels compromis possibles?«, in: *Cosmopolitiques*, Nr. 13, 2006, S. 176.

27 Britische Arbeiterbewegung der Jahre 1811/12, benannt nach ihrem Anführer Ned Ludd, bekannt vor allem für die Zerstörung von Maschinen (mechanischen Webstühlen).

28 Siehe Serge Latouche, *L'invention de l'économie*, Albin Michel, Paris 2005.

29 Zumal einige von ihnen als genuine Vorläufer des Degrowth betrachtet werden können. Siehe Thierry Paquot, *Utopies et utopistes*, La Découverte, Paris 2007, S. 33.

30 Vielleicht muss man hier auch den großen amerikanischen Philosophen John Dewey erwähnen, einen Schüler von Henry David Thoreau. Siehe dazu die Analyse von Philippe Chanial, »Une foi commune: démocratie, don et éducation chez John Dewey«, in: *Revue du MAUSS* Nr. 28, 2. Halbjahr 2006, La Découverte.

31 Serhij Podolynskyj (1850–1891), ukrainischer Aristokrat, lebte in Frankreich im Exil und versuchte erfolglos Marx für die ökologische Kritik zu sensibilisieren.

32 Zur Begriffsgeschichte von Degrowth/Décroissance siehe Jacques Grinevald, »Histoire d'un mot. Sur l'origine de l'emploi du mot décroissance«, *Entropia* Nr. 1, Oktober 2006.

33 Yves Cochet, *Pétrole apocalypse* Fayard, Paris 2005, S. 147.

34 »Ein Körnchen pures Gold enthält mehr freie Energie als dieselbe Anzahl Goldatome im Meer aufgelöst«, a. a. O., S. 153.

35 »Wir können unmöglich«, schreibt Nicholas Georgescu-Roegen, »bessere und größere« Kühlschränke, Autos oder Turbinenflugzeuge produzieren, ohne auch »bessere und größere Abfälle« zu produzieren, *La Décroissance*, Darstellung von Jacques Grinevald und Ivo Rens, Sang de la terre, Paris 1994, S. 63.

36 La Décroissance, ebd.

37 Zitiert nach Denis Clerc, *Cosmopolitiques* Nr. 13, a. a. O., S. 17.

38 Bernard Maris, *Antimanuel d'économie*, Band 2: *Les Cigales*, Bréal, Paris 2006, S. 49.

39 *La France qui tombe*, Perrin, Paris, 2003.

40 Paolo Cacciari, *Pensare la decresicta. Sostenibilità ed equità*, a. a. O., S. 102.

41 André Gorz, *Capitalisme, socialisme, écologie, Galilée*, Paris 1991, S. 170.

42 Paolo Cacciari, a. a. O., S. 29.

43 Quelle:http://www.emarketer.com/Article/Global-Ad-Spending-Growth-Double-This-Year /1010997 (Anm. Lekt.).

44 Jean-Paul Besset, *Comment ne plus être progressiste … sans devenir réactionnaire*, Fayard, Paris 2005, S. 251. Der Autor ergänzt: »Es überschwemmt die Nacht und bemächtigt sich des Tages, kannibalisiert das Internet, kolonisiert die Zeitungen, zwingt sie in finanzielle Abhängigkeit und reduziert sie zu kläglichen Verfechtern seiner Interessen. Mit dem Fernsehen besitzt es eine Massenvernichtungswaffe, es hat die Diktatur der Einschaltquote über den wichtigsten kulturellen Verbreitungskanal unserer Zeit errichtet. Aber damit nicht genug. Die Werbung attackiert auch den privaten Bereich, die Briefkästen, die elektronischen Nachrichtenkanäle, die Telefone, die Videospiele, die Radios im Badezimmer. Und jetzt nimmt sie sich auch noch das Busch-

telefon vor. Die Aggression ist hemmungslos, der Angriff pausenlos. Mentale, visuelle, auditive Verschmutzung«.

45 Laut Angaben der US-Notenbank erreichte die Verschuldung der amerikanischen Haushalte im Jahr 2007 (als die USA in die Rezession abrutschte) die astronomische Summe von 28.198 Milliarden Dollar, das sind 248 % des BIP.

46 Giorgio Ruffolo, *Crescita e sviluppo: critica e prospettive*, Falconara/Macerata, 8. bis 9. November 2006.

47 Siehe meine Analysen in *Justice sans limites. Le défi de l'éthique dans une économie mondialisée*, Fayard, Paris 2003.

48 Bericht des Worldwatch Institute (*State of the World*, 2000), zitiert nach Piero Bevilacqua, *La terra è finita. Breve storia dell'ambiente*, Laterza 2006, S. 80.

49 Alain Gras, »Internet demande de la sueur«, *La Décroissance* Nr. 35, Dezember 2006 (aktuelle Informationen und Daten zum Thema finden sich auf der Seite »Giftige Geschäfte mit Elektromüll«, http://future.arte.tv/de/giftige-geschaefte-mit-elektromuell, Anm. Lekt.).

50 In Frankreich soll »Obsolescence programmée« als Betrugsdelikt ins Verbraucherschutzgesetzbuch aufgenommen werden. Aktuelle Informationen finden sich auf dem Blog des Experten für geplante Obsoleszenz Stefan Schridde: http://www.murks-nein-danke.de/blog/gesetz-gegen-geplante-obsoleszenz-in-frankreich/ (Anm. Lekt.).

51 Gilles Lipovetsky, *Le Bonheur paradoxal, essai sur la société d'hyperconsommation*, Gallimard, Paris 2006.

52 Bertrand Leclair, *L'Industrie de la consolation*, Verticales, Paris 1998.

53 In Amerika nehmen über zehn Prozent der Erwachsenen entsprechende Medikamente ein, in Island, Australien oder Kanada sowie anderen nördlichen Ländern werden jedem Zehnten Antidepressiva verschrieben. Quelle: http://www.theguardian.com/society/2013/nov/20/antidepressant-use-rise-world-oecd (Anm. Lekt.).

54 Dominique Belpomme, *Avant qu'il ne soit trop tard*, a. a. O., S. 211.

55 Guillaume Duval (Chefredakteur des Wirtschaftsmagazins *Alternatives économiques*), in: »L'impasse de la décroissance«, *Cosmopolitiques* Nr. 13, a. a. O., S. 38 u. 41.

56 Mit diesen Illusionen haben ich mich bereits in *Le Pari de la décroissance*, a. a. O., S. 46–53, befasst.

57 Eine Variante des Paradoxons der Seerose von Albert Jacquard, *L'Équation du nénuphar*, Calmann-Lévy, Paris 1998.

58 Bertrand de Jouvenel, *Arcadie, Essais sur le mieux-vivre*, Sedeis, Paris 1968.

59 Jean-Pierre Tertrais, *Du développement . . .*, a. a. O., S. 14.

60 Ivan Illich, *Le Genre vernaculaire*, in Œuvres complètes, Band 2, Fayard, Paris 2005, S. 292.

61 Geometrische Logik kann man theoretisch auch umdrehen. »Degrowth von 1 % pro Jahr spart in 29 Jahren 25 % (der Produktion) ein und 50 % in 69 Jahren. Degrowth von 2 % im Jahr spart 50 % in 34 Jahren und 64 % in 50 Jahren und 87 % in 100 Jahren ein.« (Paul Ariès, *a. a. O.*, S. 90). Natürlich dient diese Überlegung hauptsächlich als Argument gegen unsere Gegner, die uns vorwerfen, wir wollten sie alle in die Steinzeit zurückführen. Degrowth ist sicherlich nicht eine schlichte Umkehrung des Wachstums, sondern der Aufbau einer autonomen Gesellschaft, die gewiss viel nüchterner, mit Sicherheit aber gerechter ist.

62 WWF, *Living Planet Jahresbericht 2006*, S. 2. Aktuelle Zahlen im *Living Planet Report 2012*: http://www.wwf.de/themen-projekte/biologische-vielfalt/reichtum-der-natur/der-living-planet-report/.

63 Einem Hektar permanent genutzter Weide beispielsweise entspricht landläufigen Berechnungen zufolge eine bioproduktive Fläche von 0,48 ha; in einem Fischereigebiet beträgt das Verhältnis 1:0,36 (Mathis Wackernagel, »Il nostro pianeta si sta esaurendo«, *Economia e Ambiente. La sfida del terzo millennio*, EMI, Bologna, 2005).

64 Quelle: http://www.fairfuture.net/ (Anm. Lekt.).

65 Quelle: http://www.wwf.de/themen-projekte/biologische-vielfalt/reichtum-der-natur/der-living-planet-report/ (Anm. Lekt.).

66 Gianfranco Bologna (Hg.), *Italia capace di futuro*, WWF-EMI, Bologna 2001, S. 86–88.

67 Paolo Cacciari, *Pensare la decrescita. Sostenibilità ed equità*, Cantieri Carta/ edizioni Intra Moenia, 2006, S. 27; »Der gesamte Pro-Kopf-Bedarf an Rohstoffen in den Vereinigten Staaten beträgt gegenwärtig 80 Tonnen pro Jahr. Anders gesagt, um 100 Dollar Einkommen zu erzeugen, sind etwa 300 kg natürliche Rohstoffe nötig.« (Yves Cochet und Agnès Sinaï, *Sauver la terre*, a. a. O., S. 38).

68 Laut Berechnungen des deutschen Historikers R. Peter Sieferle; siehe Piero Bevilacqua, *Demetra e Clio: uomini e ambiente nella storia*, Donzelli, Rom 2001, S. 112. Ein Liter Benzin ist aus 23 Tonnen organischer Stoffe entstanden, die im Laufe von einer Million Jahren umgewandelt wurden! (Dominique Belpomme, a. a. O., S. 229).

69 WWF, a. a. O., S. 22.

70 »Der Weidebedarf (›Weide-Fußabdruck‹) der Menschheit ist zwischen 1961 und 1999 um 80 Prozent gestiegen«, Yves Cochet, Agnès Sinaï, a. a. O., S. 36.

71 WWF, a. a. O., S. 3.

72 Jean-Paul Besset: »Den Platz mit anderen Spezies zu teilen, indem man ihnen beispielsweise die letzten 20 Prozent der Landfläche überlässt, die sich der Mensch noch nicht angeeignet hat, bedeutet, die systematische Bodenerschließung, den Infrastrukturausbau und die Urbanisierung aufzuhalten«, a. a. O., S. 318.

73 Jean-Pierre Tertrais, *Du développement …*, a. a. O., S. 35.

74 »Sommes-nous trop nombreux?«, L'Écologiste, Nr. 20, September-November 2006, S. 20.

75 *La Surchauffe de la croissance*, Fayard, Paris 1974 (siehe auch: *Problématique de l'évolution*, PUF, Paris 1954). In seinem Werk *Le Théorème du Nénuphar* weist Albert Jacquard darauf hin, mit einer kontinuierlichen Wachstumsrate von 0,5 Prozent pro Jahr würde die Weltbevölkerungszahl, zu Beginn unseres Zeitalters etwa 250 Millionen, heute 5.000 Milliarden betragen.

76 Nach einem Bericht der FAO werden die Weltmeere und der gesamte Fischbestand im Jahr 2048 erschöpft sein, wenn weiter so viel gefischt wird wie

jetzt (Boris Worm u. a., »Impacts of Biodiversity Loss on Ocean Ecosystem Services«, *Science*, November 2006, Bd. 314, S. 787–790).

77 Dominique Belpomme, *Avant qu'il ne soit trop tard*, a. a. O., S. 194.

78 Thierry Paquot, *Petit manifeste pour une écologie existentielle*, Bourin éditeur, Paris 2007, S. 13.

79 Man darf nicht vergessen, dass die Viehzucht für 37 % der durch den Menschen verursachten Methanemissionen verantwortlich ist; das ist, was die Wirkung betrifft, mehr als der CO_2-Ausstoß durch Transport und Verkehr.

80 Jean-Pierre Tertrais, *Du développement ...*, a. a. O., S. 37.

81 Frans de Waal, *Der Affe in uns*, München 2006, S. 232.

82 John Kenneth Galbraith, *Die moderne Industriegesellschaft*, München 1970 bis 1974.

Teil II

1 *Capitalisme, socialisme, écologie*, a. a. O., S. 194.

2 Ernst Bloch, *Le Principe Espérance*, (1re édition Frankfurt, 1953) Gallimard, Paris, 1976.

3 Geneviève Decrop, »Redonner ses chances à l'utopie«, Utopia, Nr. 1, S. 81.

4 Gilles Clément et Louisa Jones, *Une écologie humaniste*, Paris 2006.

5 Man könnte diese Liste noch um einige Punkte erweitern, und vielleicht findet sich jemand, der ein neues »R« vorschlägt, das er für wesentlich hält, z. B. Radikalisierung, Rekonversion, Redefinition, Redimensionierung, Remodellierung, Rehabilitation, Restituierung. Hinzu kommen weitere Aspekte wie Neuerfindung (der Demokratie), Verlangsamung, Entspannung, Zurückgeben, Zurückkaufen, Zurückerstatten, Verweigerung, Neudenken etc., aber all das ist in den großen »R« bereits mehr oder weniger enthalten.

6 Cornelius Castoriadis, *La Montée de l'insignifiance, Les Carrefours du labyrinthe IV*, Paris 1996, S. 68.

7 A. a. O., S. 220. Er fügt hinzu: »Was sehen wir, wenn wir die Welt betrachten? Die Lüge, eine Zwei-Klassen-Justiz, Machtstreben um der Macht willen, Geld um des Geldes willen, Ausschluss der Armen, Verleumdung, Habgier und Kor-

ruption, eine Verhöhnung der Demokratie, die Entweihung aller Werte und die Heiligung aller Mittel, die zum Selbstzweck geworden sind, den Niedergang der Kultur, Kriege, Folter und schließlich Missachtung der Gesetze.«

8 A. a. O., S. 221.

9 Philippe Chanial, »Une foi commune: démocratie, don et éducation chez John Dewey«, in: *Revue du MAUSS*, Nr. 28, zweites Halbjahr 2006, La Découverte.

10 François Brune, »La frugalité heureuse: une utopie?«, *Entropia*, Nr. 1, S. 73.

11 Zur Eleventh Commandment Fellowship (Gesellschaft des elften Gebots), entwickelt von dem Theologen Paul F. Knitter, möchte ich auf die Arbeit von Vittorio Lanternari, *Ecoantropologia. Dall'ingerenza ecologica alla svolta etico-culturale* (Bari 2003) verweisen. Nicht zufällig ist Knitter auch Anhänger eines »religiösen Relativismus« und eines interkulturellen Dialogs und wird deshalb von den »Theocons« (den konservativen Theologen) angegriffen, die nach der Wahl Kardinal Ratzingers zum Papst Rückenwind bekamen.

12 Siehe die hervorragende Doktorarbeit von Camilla Narboni, »Sull'incuria della cosa: considerazioni filosofiche sui rifiuti e sul mondo saccheggiato«, Universität Pavia 2006.

13 Obwohl die Delegitimation des traditionellen Gedankens der Mäßigung aufgrund der Globalisierung und der Zerstörung des organischen Gemeinschaftssinns auch in den Gesellschaften des Südens stattfindet und das Elend Einzug hält. Siehe Philippe Tanguy, »Pauvreté et cohésion sociale en Mauritanie. Construction sociale et fonction d'une catégorie stigmatisante: la pauvreté«, *Maghreb-Machreck*, Nr. 190, 2007. Siehe auch: Patrick Viveret, Reconsidérer la richesse, L'Aube/Nord 2003; Majid Rahnema, *Quand la misère chasse la pauvreté*, Fayard/Actes Sud 2003; Arnaud Berthoud, »La richesse et ses deux types«, *Revue du MAUSS*, Nr. 21, 1. Halbjahr 2003.

14 Paul Dumouchel und Jean-Pierre Dupuy, *L'Enfer des choses*, Paris 1979; Jean-Pierre Dupuy und Jean Robert, *La Trahison de l'opulence*, Paris 1976.

15 Bernard Maris, *Antimanuel* ..., a. a. O., S. 48.

16 Beispielsweise könnten in Autofabriken Anlagen für Kraft-Wärme-Kopplung hergestellt werden. Um einen Mikrogenerator herzustellen, benötigt man ledig-

lich einen Kfz-Motor, der mit einer Lichtmaschine verbunden und in einen Metallkasten eingebaut wird. Die Kenntnisse, Technologien und sogar die notwendigen Anlagen sind praktisch die gleichen wie bei der Autoherstellung. Mit der Kraft-Wärme-Kopplung kann der Wirkungsgrad von 40 auf 94 Prozent gesteigert werden! Auf diese Weise werden der Verbrauch fossiler Brennstoffe und die CO_2-Emissionen gesenkt (siehe Maurizio Pallante, *Un futuro senza luce?*, Rome 2004).

17 Thorstein Veblen, *Theorie der feinen Leute*, Frankfurt a. M. 1997. Hervé Kempf weist zu Recht auf diese Analyse hin in: *Comment les riches détruisent la planète*, Paris 2007.

18 Attac, *Pauvreté et inégalités, ces créatures du néolibéralisme*, Mille et une nuits, Paris 2006, S. 44.

19 »Was wir als ökologische Schuld der reichen Länder gegenüber armen Ländern bezeichen: Erstere ›leihen‹ sich (nahezu kostenlos, da dafür keine nennenswerten Steuern erhoben werden) enorme Flächen mit natürlichen Rohstoffen, landwirtschaftlich nutzbaren Böden, Wälder in den Ländern des Südens. Und sie exportieren ihre Umweltverschmutzung dorthin, zumindest jene Formen, die an keiner Grenze haltmachen, nicht zuletzt Treibhausgase«. WWF, a. a. O., S. 25.

20 Nicolas Hulot, *Pour un pacte écologique*, a. a. O., S. 237.

21 Vgl. http://www.welt.de/wissenschaft/umwelt/article121373995/Die-Erde-steht-vor-ihrer-voelligen-Vermuellung.html (Anm. Lekt.).

22 Vgl. http://www.arte.tv/de/muell/6754986,CmC=6754368.html (Anm. Lekt.).

23 *Le Monde*, 19. April 2006.

24 Richard Tomkins, »Welcome to the age of less«, *Financial Times*, 10. November, 2006.

25 Bernard Revel, *Journal de la pluie et du beau temps*, Canet 2005, S. 119.

26 Willem Hoogendijk, »*Let's Regionalise the Economy – and Cure Ourselves of a Host of Ills!*«, Manuskript, April 2003.

27 »Die frei werdende Zeit«, schreibt Thierry Paquot, »ist keine ›Freizeit‹ – die sofort von der Freizeit-, Gesundheits- und Wellnessindustrie vereinnahmt wird –, sondern eine Versöhnung mit sich selbst, die manchmal voller Anspannung

und Widersprüche ist. Die frei werdende Zeit ist keinesfalls ein Überrest – das, was nach dem Pendeln, der Arbeit, den Alltagserledigungen und der mit der Familie verbrachten Zeit übrig bleibt –, sondern der Anspruch auf die größtmögliche Kontrolle über das eigene Schicksal, eine Forderung, die mit dem Anspruch auf Menschenwürde vergleichbar ist«, *Petit manifeste pour une écologie existentielle*, a. a. O., S. 65.

28 Siehe auch das von dem Chemiker Michael Braungart entwickelte »Cradle-to-Cradle«-Prinzip, in: Michael Braungart und William McDonough, *Intelligente Verschwendung. The Upcycle: Auf dem Weg in eine neue Überflussgesellschaft.* München 2014. (Anm. Lekt.).

29 Piero Bevilacqua, *La terra è finita*, a. a. O., S. 129.

30 Anthelme Brillat-Savarin, Autor von *La Physiologie du goût ou Méditations de gastronomie transcendante*.

31 Jean-Paul Besset, *Comment ne plus être progressiste*, a. a. O., S. 182. Er fügt hinzu: »Die Überdosis fügt dem Lebendigen Schaden zu. Übertriebenes Arbeiten zerstört das Individuum.«

32 »Die Zukunft maßhaltender Gesellschaften lässt sich mit vier Themen umreißen: lokale und regionale Selbstversorgung, die geografische Dezentralisierung der Macht, die ökonomische Relokalisierung und der Protektionismus, konzertierte Planung und Rationierung« Yves Cochet, *Pétrole apocalypse*, a. a. O., S. 208.

33 Murray Bookchin, *Toward an Ecological Society*, Montreal 1980.

34 Zitiert nach Alberto Magnaghi, »*Dalla città metropolitana alla (bio)regione urbana*«, in: Anna Marson (Hrsg.), *Il progetto di territorio nella città metropolitana*, Florenz 2006, S. 100.

35 Gustavo Esteva, *Celebration of Zapatismo, Multiversity and Citizens International*, Penang 2004. Gustavo Esteva und M. S. Prakash, *Grassroots Postmodernism: Remaking the Soil of Cultures*, London 1998.

36 Alberto Magnaghi, a. a. O., S. 69–112.

37 Paola Bonora, »Sistemi locali territoriali, transcalarità e nuove regole della democrazia dal basso«, in: Anna Marson (Hrsg.), *Il progetto di territorio nella città metropolitana*, Florenz 2006.

38 R. A. Dahl, *I dilemmi della democrazia pluralista*, Mailand 1988.

39 Paola Bonora, a. a. O., S. 113.

40 A. a. O., S. 114.

41 Vgl. Carta del Nuovo Municipio auf www.nuovomunicipo.org und www.comunivirtuosi.org.

42 Es handelt sich um ein weltweites Netzwerk von Städten mittlerer Größe, die freiwillig ihr demografisches Wachstum auf 60.000 Einwohner begrenzen. Jenseits dieser Einwohnerzahl ist es nicht mehr möglich, von »lokal« oder »Langsamkeit« zu sprechen.

43 Carlo Petrini, »Militants de la gastronomie«, *Le Monde diplomatique*, Juli 2006.

44 Paola Bonora, »Sistemi locali territoriali …«, a. a. O., S. 118.

45 Für Martin Heidegger ist die Sprache »das Haus des Seins«, während für Thierry Paquot gilt: »Der babylonische Sprachzerfall sorgt nicht nur für die Unterschiedlichkeit der Kulturen, sondern auch für unterschiedliche Lebens- und Denkweisen.« Er ist Teil dessen, was er als Ökologie der Sprachen bezeichnet. Thierry Paquot, *Terre urbaine. Cinq défis pour le devenir urbain de la planète*, Paris 2006, S. 181.

46 Michael Singleton, *Entropia*, Nr. 1, a. a. O., S. 52.

47 »Streben nach nationaler Autarkie, dann nach regionaler, so weit wie möglich, unter Garantie eines ausreichenden Einkommens für die Bauern und unter Anregung einer Erneuerung der ländlichen Gemeinschaften auf der Basis einer bäuerlichen, dauerhaften, biologischen Landwirtschaft«, Yves Cochet, *Pétrole apocalypse*, a. a. O. S. 224.

48 Willem Hoogendijk, *Let's Regionalise the Economy – and Cure Ourselves of a Host of Ills!*, April 2003.

49 Yves Cochet, a. a. O., S. 140.

50 Christian Jacquiau, *Les Coulisses du commerce équitable*, ebd.

51 Siehe dazu Nicolas Ridoux, *La Décroissance pour tous*, Lyon 2006, S. 11.

52 Bernard Lietaer, »Des monnaies pour les communautés et les régions biogéographiques: un outil décisif pour la redynamisation régionale au XXIe siècle«, in: Jérôme Blanc (Hrsg.), *Exclusion et liens financiers, monnaies sociales, Bericht 2005–2006*, Economica, S. 76.

53 Deutsche Lokalwährungen sind etwa der »Chiemgauer«, der »Sterntaler«, der »Regio« oder der »Tauberfranken« (Anm. Lekt.).

54 Willem Hoogendijk, ebd.

55 Pascal Canfin, *L'Économie verte expliquée à ceux qui n'y croient pas*, Paris 2006, S. 72.

56 Nicolas Hulot, a. a. O., S. 170.

57 Yves Cochet, *Pétrole apocalypse*, a. a. O., S. 200.

58 Verbesserung des Gemeinschaftslebens und eine regionale, solidarische Wirtschaft strebt auch die in England entstandene Transition Town-Bewegung an, die mittlerweile schon in über 40 Ländern Anhänger gefunden hat (Anm. Lekt.).

59 Nach einem Vorschlag von Yves Cochet, *Pétrole apocalypse*, a. a. O., S. 224.

60 Emmanuel Bailly, »Le concept de l'Écorégion ou comment restaurer le système immunitaire des régions«, Bericht in: *Ligne d'horizon*, Nr. 36, August/September 2006.

61 Wie eine lokale oder regionale Nahrungsmittelversorgung dazu beitragen kann, die Ernährungssicherheit über Kontinente hinweg zu gewährleisten, zeigt eine neue Studie von Wissenschaftlern des Potsdam-Instituts für Klimafolgenforschung (PIK), https://www.pik-potsdam.de/aktuelles/nachrichten/lokale-nahrungsmittelversorgung-koennte-globale-ernaehrungssicherheit-foerdern (Anm. Lekt.).

62 Philippe Mühlstein, »Les ravages du mouvement perpétuel«, *Le Monde diplomatique*, Januar 2005.

63 Yves Cochet, *Pétrole apocalypse*, a. a. O., S. 97.

64 A. a. O., S. 89.

65 »Interview with Murray Bookchin« von David Vanek in: *Harbinger, A Journal of Social Ecology*, Bd. 2, Nr. 1, 2001.

66 Willem Hoogendijk, Notiz vom April 2003. Er schließt seine Analyse folgendermaßen: »Unbegrenzte Bedürfnisse? Unbegrenzte Schaffung von Bedürfnissen!«.

67 Thierry Paquot, Terre urbaine. Cinq défis pour le devenir urbain de la planète, a. a. O., S. 178.

68 Vgl. dazu den Bericht in der Süddeutschen Zeitung: »Spanien schafft die Siesta ab«, http://www.sueddeutsche.de/wirtschaft/reaktion-auf-schuldenkrise-spanien-schafft-die-siesta-ab-1.1425781 (Anm. Lekt.).

69 Siehe dazu Marie-Dominique Perrot (Hrsg.) *et al., Ordres et désordre de l'esprit gestionnaire*, Lausanne 2006. Besonders Gilbert Rist, »La nouvelle gestion publique peut-elle être sociale?«.

70 Dem WWF zufolge von heute bis 2100 in einer Größenordnung von rund 30 %.

71 Siehe Wolfgang Sachs (Hrsg.). *The Development Dictionary*, London 1992.

72 Siehe dazu auch Serge Latouche, *L'Autre Afrique. Entre don et marché*, Paris 1998.

73 Wobei die Auswirkungen der weltweiten »Verschickung« auf unser Klima noch gar nicht berücksichtigt sind. Zudem sorgt der spekulative Anbau in der Latifundienwirtschaft dafür, dass die Armen in Brasilien keine Bohnen mehr zu essen bekommen, und obendrein riskiert man dadurch biogenetische Katastrophen wie Rinderwahnsinn.

74 Albert Tévoédjrè, *Armut – Reichtum der Völker*, Wuppertal 1982.

75 Jean Baudrillard, Kommentar in der *Libération*, 18. November 2005 (Wiederabdruck 7. März 2007).

76 Jean-Marie Harribey, »Developpement durable: le grand écart«, in: *L'Humanité*, 15. Juni 2004.

77 Alain Gras, *Fragilité de la puissance*, Paris 2003, S. 249.

78 Das Erscheinen der *Œuvres complètes* (Paris 2004), seines Gesamtwerks, ist eine günstige Gelegenheit, besonders *Entschulung der Gesellschaft – Eine Streitschrift*, München 2003 (erstmals ebd. 1972) und *Die Nemesis der Medizin. Die Kritik der Medikalisierung des Lebens*, München 2007 (erstmals ebd. 1975 unter dem Titel: *Enteignung der Gesundheit*) noch einmal zu lesen, da noch immer von großer Aktualität.

79 Majid Rahnema, *Quand la misère chasse la pauvreté*, a. a. O., S. 268.

80 Pierre Gevaert, *Alerte aux vivants et qui veulent le rester*, Commarque 2005, S. 97–98.

81 Laut einer Schätzung der chinesischen Akademie der Sozialwissenschaften zufolge immerhin etwa 150 Millionen Menschen, http://www.zeit.de/2007/08/Mittelschicht-China (Anm. Lekt.).

82 Quelle: www.welt.de/wirtschaft/article129306454/Der-lange-Marsch-von-VW-zur-globalen-Nummer-eins.html, bzw. www.automobil-produktion.de/2014/07/peugeot-verkauft-wieder-mehr-autos/ (Anm. Lekt.).

83 Neuerdings drängen einheimische Marken wie Dongfeng, Chery oder Qoros auf die ausländischen Märkte, http://www.zeit.de/mobilitaet/2013-10/china-autohersteller-europa-expansion (Anm. Lekt.).

84 Nicholas Stern, »The Economics of Climate Change«, Executive summary, *www.stern-review.org.uk*, Herbst 2006, S. 15.

85 André Gorz, a. a. O., S. 27.

86 Cornelius Castoriadis, *Une société à la dérive*, Paris 2005, S. 177.

87 Wie es José Bové so hübsch in *Candidat rebelle* formulierte, Paris 2007.

Teil III

1 André Gorz, *Écologie et liberté*, Paris 1977.

2 Denis Duclos, »La cosmocratie, nouvelle classe planétaire«, *Le Monde diplomatique*, August 1997.

3 Das schließt andere Maßnahmen für das öffentliche Gesundheitswesen nicht aus, etwa ein Höchsteinkommen, das MAUSS vorschlägt, oder die Abschaffung aller Patente, ein Vorschlag von Jean-Pierre Berlan.

4 Gilles Rotillon, L'économie de l'environnement définit un espace de négociation rationnel, *Cosmopolitiques*, n° 13, Apogée, Paris, S. 91, 2006.

5 In Deutschland belaufen sich die externalisierten Kosten jährlich auf fast 90 Milliarden Euro (Unfälle, Umweltverschmutzung); an Kfz-Steuer, Energie- und Mehrwertsteuer fließen jedoch nur rund 50 Milliarden Euro pro Jahr zurück, https://www.destatis.de/DE/PresseService/Presse/Pressemitteilungen/2012/04/PD12_149_811.html (Anm. Lekt.).

6 Fabrice Nicolino und François Veuillerette, *Pesticides, révélations sur un scandale français*, Paris 2007.

7 Olivier Marchand und Claude Thélot [1997], zitiert von Thierry Paquot, Terre urbaine, ebd., 2006.

8 Bernard Maris, *Antimanuel d'économie*, Bd. 2: »Les cigales«, a. a. O., S. 182.

9 François Flahaut, *Le Paradoxe de Robinson. Capitalisme et société*, a. a. O., S. 151.

10 Jean-Paul Besset, *Comment ne plus être progressiste … sans devenir réactionnaire*, a. a. O., S. 254.

11 Der Verein besteht aus 110 Experten und Praktikern, die die Möglichkeit untersuchen, die Emission von Treibhausgasen in Frankreich bis 2050 durch Stromverbrauchsreduzierungen (Verminderung der Energieverschwendung) und mehr Energieeffizienz (Ertragssteigerung) um dreiviertel zu senken.

12 In Deutschland soll dem Energiekonzept der Regierung von 2010 zufolge der Primärenergieverbrauch bis zum Jahr 2020 gegenüber dem Referenzjahr 2008 um 20 Prozent und bis 2050 um 50 Prozent sinken, http://www.forschungsradar.de/fileadmin/content/bilder/Vergleichsgrafiken/meta_energieverbrauch_2014/AEE_Metaanalyse_Energieverbrauch_Deutschland_nov14.pdf (Anm. Lekt.).

13 Nicolas Hulot, *Pour un pacte écologique*, a. a. O., S. 254. Die Grünen forderten in ihrem Wahlprogramm 2007, sämtliche Werbung auf allen öffentlichen Fernsehkanälen zu verbieten (Pascal Canfin, *L'économie verte expliquée à ceux qui n'y croient pas*, a. a. O., S. 112).

14 Dieser letzte Punkt greift eine Frage von Cornelius Castoriadis auf: »Wo soll die Grenze gezogen werden? Zum ersten Mal stehen wir in einer nichtreligiösen Gesellschaft vor der Frage: Müssen wir auch die Erweiterung des Wissens einschränken? Und wie könnte das geschehen, ohne eine Wissensdiktatur zu etablieren? Ich denke, wir können einige einfache Prinzipien aufstellen: 1) Wir wollen keine unbegrenzte und unreflektierte Ausweitung der Produktion, wir wollen eine Wirtschaft, die Mittel, nicht Zweck des Lebens ist. 2) Wir wollen eine freie Erweiterung des Wissens, aber … mit Phronesis (Klugheit, Angemessenheit)«, »L'écologie contre les marchands«, in: *Une société à la dérive*, a. a. O., S. 238.

15 »Es muss umgehend ein Moratorium für den Neubau von Müllverbrennungsanlagen und die Genehmigung von Mitverbrennungen beschlossen werden«, Memorandum von l'Appel de Paris, zitiert in: Dominique Belpomme, *Avant qu'il ne soit trop tard*, a. a. O., S. 257.

16 Siehe Dominique Belpomme, ebd., 2007.

17 Fabrice Flipo, »Pour l'altermondialisme. Une réponse à Isaac Johsua«, im Internet unter http://decroissance.free.fr/Reponse-Isaac_Johsua.rtf.

18 Attac, *Pauvreté et inégalités, ces créatures du néolibéralisme*, a. a. O., S. 186 bis 187.

19 »Theoretisch müssen in einer Marktwirtschaft die ›externen Effekte‹ internalisiert werden, sei es durch Steuern oder durch die Schaffung von Eigentumsrechten; die Marktkräfte führen so zu einer Situation, die in sozialer Hinsicht vorzuziehen ist.« Catherine Aubertin und Franck-Dominique Vivien (Hg.), *Le Développement durable. Enjeux politiques, économiques et sociaux*, Paris 2006, S. 64.

20 »Peut-on faire l'économie de l'environnement?«, *Cosmopolitiques*, Nr. 13, 2006, S. 15.

21 Quelle: http://www.t-online.de/auto/news/id_71632336/benzinpreis-in-den-usa-auf-rund-78-euro-cent-pro-liter-gesunken.html (Anm. Lekt.).

22 *Sierra Magazine*, April 2002, zitiert nach Derek Rasmussen, »Valeurs monétisées et valeurs non monétisables«, *Interculture*, Nr. 147, Oktober 2004, Montréal, »Le terrorisme de l'argent I«, S. 19.

23 Die durch eventuelle Handystrahlung ausgelösten Gesundheitsrisiken werden ebenfalls von Versicherungen ausgeschlossen.

24 Zitiert nach Bernard Langlois im Blog von *Politis* am 14. Dezember 2006.

25 André Cicolella und Dorothée Benoît-Browaeys, *Alertes santé*, Paris 2005.

26 »Jean-Marie Harribey kritisiert uns im Grunde für vier Dinge: Wachstumsrücknahme unter Beibehaltung des Kapitalismus, grenzenlose Schrumpfung, das Unvermögen einzusehen, dass es andere Möglichkeiten als den Kapitalismus gibt, und die Idee, Vollbeschäftigung aufzugeben.« Paul Ariès, *Décroissance ou barbarie*, Lyon 2005, S. 87.

27 »Man muss die Lehre von der Wachstumsrücknahme als das nehmen, was sie ist: [...] das Steckenpferd verwöhnter Kinder reicher Leute«, Pierre-Antoine Delhommais, *Le Monde*, 30. Juli 2006.

28 Vincent und Denis Cheynet, »La décroissance pour l'emploi«, *La Décroissance*, Nr. 3, Juli 2004. Dieser Bezug auf die Vergangenheit ist problematisch: Um

welche Vorfahren handelt es sich da? Um die der Steinzeit vielleicht, die sich, wie Marshall Sahlins in seinem berühmten Buch *Stone Age Economy* dargelegt hat, mit 3 bis 4 Stunden »Arbeit« am Tag begnügten, um das Überleben der Gruppe zu sichern? Aber so weit muss man gar nicht zurückgehen. Laut Gorz waren bis Anfang des 18.Jahrhunderts 1.000 Stunden Arbeit pro Jahr die Norm (André Gorz, *Capitalisme, socialisme, écologie*, a. a. O., S. 179) Das wären im Mittel 20 Stunden pro Woche, also ungefähr so viel wie der wahrlich nicht höllische Arbeitsdruck der Steinzeit …

29 Dominique Vérot von der Féderation nationale de l'agriculture biologique, dem französischen Verband der Biobauern, schätzte, dass pro Hektar 30 Prozent mehr Handarbeit nötig wäre im Vergleich zur traditionellen Landwirtschaft, aber da der Ertrag um die Hälfte sinken würde, ergäbe das einen 2,5-Fachen Bedarf an Handarbeit. Eva Sas, »Conversion écologique de l'économie: quel impact sur l'emploi?«, *Cosmopolitiques* Nr. 13, a. a. O., S. 188.

30 Pascal Canfin, *L'Économie verte*, a. a. O., S. 107.

31 Quelle: www.iwr-institut.de/de/presse/presseinfos-energie-ressourcen/energieressourcen-reichen-noch-hunderte-von-jahren (Anm. Lekt.).

32 Yves Cochet, *Pétrole apocalypse*, a. a. O, S. 139 u. 192. »Ein Verbrennungsmotor mittlerer Leistung kann die 10.000 kcal eines Liters Benzin in 2,3 kWh mechanische Energie umsetzen, um damit die Schnecke eines Betonmischers oder die Kurbelwelle eines Autos anzutreiben, was mehr als 4 Tagen normaler menschlicher Muskelarbeit entspricht«, a. a. O., S. 91.

33 Pascal Canfin, a. a. O., S. 19.

34 Am 14. Oktober 2014 wurde in der Nationalversammlung das französische Energiewendegesetz (loi de transition énergétique) verabschiedet, http://enr-ee. com/de/startseite/archive/2010/january/seite/1/?tx_ttnews%5Bday%5D=14&c Hash=1365c512f1a35471ec7d35819492d055 (Anm. Lekt.).

35 Europäische Kommission, »Grünbuch Energieeffizienz«, Juni 2005.

36 Beispiel: »Durch Kombination eines Kugellagers mit zwei steinzeitlichen Mühlsteinen kann ein Inder heute an einem Tag so viel Getreide mahlen wie seine Vorfahren in einer Woche«, Ivan Illich, *Énergie et équité*, in Œvres complètes, Band 1, Paris 2004, S. 419.

37 Lester R. Brown, *Éco-économie: une autre croissance est possible, écologique et durable*, Paris 2003.

38 Zu diesem Punkt weise ich auf meine Ausführungen in *Justice sans limites*, a.a.O., hin, insbesondere auf Kapitel 6.

39 Bernard Maris, *Antimanuel d'économie*, Band 2, a.a.O., S. 109.

40 Gabriel Tarde, Fragment d'histoire future, (1896), Genf 1980, S. 92.

41 André Gorz, *Kritik der ökonomischen Vernunft: Sinnfragen am Ende der Arbeitsgesellschaft*, Zürich 2010; Jeremy Rifkin, *Das Ende der Arbeit und ihre Zukunft*, Frankfurt a.M./New York 1995; Dominique Méda, *Le Travail. Une valeur en voie de disparition*, Paris 1995; Jacques Robin, *Quand le travail quitte la société postindustrielle*, Paris 1994.

42 Siehe den Europabericht von Wim Kok aus dem Jahr 2003, Travailler après 60 ans doit devenir la norme, zitiert in: Christophe Ramaux, *Emploi: éloge de la stabilité. L'État social contre la flexicurité*, Mille et une nuits, Paris, 2006, S. 89.

43 Diese Beihilfe entspricht der Hälfte eines SMIC (Salaire Minimum Interprofessionnel de Croissance, der staatlich garantierte Mindestlohn in Frankreich) und wird allen Arbeitssuchenden gezahlt, die sich nachweislich um einen Arbeitsplatz bemühen. Die Speenhamland-Gesetzgebung, benannt nach dem Ort in England, an dem sie zuerst eingeführt wurde, bezeichnet ein System von Beihilfen in Form eines Kombilohnmodells, das bedürftige Arbeiter in einigen englischen Countys vor 1830 in Anspruch nehmen konnten. Es wurde in seinen Auswirkungen schließlich als kontraproduktiv eingeschätzt und aufgegeben.

44 Siehe die bei Éditions Repas erschienenen Bücher von Michel Lulek, *Scions … travaillait autrement? Ambiance bois, l'aventure d'un collectif autogéré*, Valence 2003, und Béatrice Barras, *Moutons rebelles: Ardelaine, la fibre du développement local*, Valence 2002.

45 Stone Age Economics, ebd.

46 André Gorz, *Capitalisme, socialisme, écologie*, a.a.O, S. 83.

47 A.a.O., S. 91. Andererseits wurde gefordert: »Wachsen soll, was die Grundlage des Lebens schützt, seine Qualität verbessert, […] die Selbstbestimmung, Autonomie und Kreativität fördert.«

48 Zitiert nach André Gorz, a. a. O., S. 92.

49 A. a. O., S. 93.

50 Henri Lefebvre, *La Vie quotidienne dans le monde moderne* (1968), zitiert nach Thierry Paquot, *Éloge du luxe. De l'utilité de l'inutile*, Paris 2005, S. 29.

51 Rainer Land, zitiert nach André Gorz, a. a. O., S. 121.

52 Daniel Mothé, *L'utopie du temps libre*, Paris 1997 (hier nach der italienischen Ausgabe zitiert, *L'utopia del tempo libero*, Turin 1998).

53 André Gorz, *Capitalisme, socialisme, écologie*, a. a. O., S. 127.

54 Manche versuchen mit allen Mitteln, »die Arbeit zu retten«, indem sie sie auf eine ideale Weise neu definieren und die »real existierende« Arbeit außer Acht lassen. Das ist die Position von Alain Soupiot. Es ist kein Zufall, dass mir diese Position in einer Diskussion mit den Grünen über »die Rettung der Entwicklung« entgegengehalten wurde.

55 »In den Vereinigten Staaten«, berichtet Bertrand de Jouvenel, »sind die Ausgaben für Lebensmittel inflationsbereinigt von 1909 bis 1957 um 75 Prozent gestiegen. Nach Berechnungen des Landwirtschaftsministeriums ist die Menge der tatsächlich konsumierten Lebensmittel aber allenfalls um 12 bis 15 Prozent angestiegen. Nach einer Analyse von Kuznets heißt das, dass mindestens vier Fünftel der scheinbaren Konsumsteigerung in Wirklichkeit nur eine Steigerung der Transport- und Vertriebsleistungen der Lebensmittel darstellen«. Bertrand de Jouvenal, *Arcadie, Essais sur le mieux-vivre*, Paris 1968, S. 178.

56 André Gorz, *Capitalisme, socialisme, écologie*, a. a. O., S. 65. Ähnlich: »Kann man die Lohnarbeits-Gesellschaft dadurch retten, dass man die Arbeitsplätze vermehrt, die die Gründer der politischen Ökonomie als unproduktiv klassifiziert haben?«, a. a. O.

57 A. a. O., S. 63.

58 Ebd.

59 Der Gipfel wurde mit der Binsenweisheit von Attali und Champain erreicht: »Würde man die Suche nach einem Arbeitsplatz als Tätigkeit betrachten, gäbe es keine Arbeitslosigkeit mehr.« Christophe Ramaux meinte dazu: »Darauf muss man erst einmal kommen: Diese beiden Autoren haben es gewagt«,

»Changer de paradigme pour supprimer le chômage«, Fondation Jean-Jaurès, November 2005.

60 Der erste von vier Vorwürfen von Jean-Marie Harribey zum Thema Degrowth (s. Fußnote 1, S. 118).

61 Es ist bedauerlich, ja geradezu tragisch, dass es zu keiner wirklichen Begegnung zwischen Karl Marx und Serhij Podolynskyj, dem ukrainischen Aristokraten und Wissenschaftler, der im Exil in Frankreich lebte, kam. Dieser weitsichtige Vorläufer einer ökologischen Ökonomie versuchte, den Gedanken des Sozialismus mit dem Zweiten Hauptsatz der Thermodynamik zu versöhnen und eine Synthese zwischen Marx, Darwin und Carnot herzustellen. Wäre es zu einem intellektuellen Austausch gekommen, so hätte sich der Sozialismus vielleicht einige Irrwege erspart, ganz abgesehen von so manchen Polemiken darüber, ob das Degrowth-Konzept nun eine linke oder rechte Politik verfolgt … Siehe Joan Martinez Alier und J. S. Naredo, *A marxist Precursor to Energy Enonomics: Podolinsky, Peasant Studies* Nr. 9, 1982.

62 Douglas Martin, »Murray Bookchin, 85, Writer, Activist and Ecology Theorist, Dies«, *New York Times*, 7. August 2006.

63 Damit habe ich mich im letzten Teil meines Buchs *Justice sans limites. Le défi de l'éthique dans une économie mondialisée*, a. a. O., ausführlich beschäftigt.

64 In diesem Punkt teile ich die Analyse von Cornelius Castoriadis. »Im Marxismus herrscht die absurde Vorstellung, dass der Markt und die Ware an sich schon die Verkörperung der Entfremdung sind; das ist grotesk, denn die Beziehungen zwischen den Menschen können in einer Gesellschaft nicht so ›persönlich‹ sein wie in der Familie. Sie sind stets gesellschaftlich vermittelt und werden es auch immer sein. In jeder auch nur einigermaßen entwickelten Wirtschaft nennt man diese Vermittlung den *Markt* (Austausch)«, *Une société à la dérive*, a. a. O., S. 190.

»Für mich besteht kein Zweifel: Eine komplexe Gesellschaft kann es nur geben, wenn es unpersönliche Tauschmittel gibt. Geld erfüllt diese Funktion, damit besitzt es große Bedeutung. Dass man dem Geld eine seiner Funktionen in der kapitalistischen und präkapitalistischen Wirtschaft entzieht, die Möglichkeit der individuellen Akkumulation von Reichtum oder die Möglichkeit zum Erwerb von Produktionsmitteln, steht auf einem anderen Blatt. Aber als Werteinheit und Tauschmittel ist das Geld eine großartige Erfindung, eine großartige Schöpferleistung der Menschheit«, a. a. O., S. 198.

65 André Gorz, *Capitalisme, socialisme, écologie*, a. a. O., S. 87.

66 Thierry Paquot, *Terre urbaine. Cinq défis pour le devenir urbain de la planète*, a. a. O., S. 113.

67 Paul Lafargue, *Das Recht auf Faulheit: Widerlegung des »Rechts auf Arbeit«*, Hottingen-Zürich, 1887; in deutscher Übersetzung auch unter http://www.wildcat-www.de/material/m003lafa.htm.

68 Hervé Kempf, *Comment les riches détruisent la planète*, a. a. O., S. 114.

69 André Gorz, *Capitalisme, socialisme, écologie*, a. a. O., S. 109.

70 Cornelius Castoriadis, *Une société à la dérive*, a. a. O., S. 246.

71 Siehe dazu meinen Artikel »Pour une renaissance du local«, *L'Écologiste* Nr. 15, April–Mai 2005, und Takis Fotopoulos, *Vers une démocratie générale. Une démocratie directe, économique, écologique et sociale*, Paris 2001.

Schlussbetrachtung

1 Dominique Belpomme, *Avant qu'il ne soit trop tard*, a. a. O., S. 56.

2 Siehe zum Beispiel Jean Jacob, *L'Antimondialisation. Aspects méconnus d'une nébuleuse*, Paris 2006.

3 Alexandre Adler liefert uns dafür in seinem Artikel »Le retour de la révolution nihiliste«, erschienen in *Le Monde* vom 24. April 1999, ein Zerrbild, indem er »die universellen Kräfte wie den Handel, die Technik, das Recht, die Demokratie, die Frauenförderung« einem »zutiefst antiglobalistischen, antihumanistischen, antiliberalen Programm [...], das in den Laboratorien eines neuen populistischen und autoritären Denkens in weltweitem Maßstab herangezüchtet wird«, gegenüberstellt.

4 »Der explizite Rassismus und Antisemitismus von Kant und der meisten seiner Geistesbrüder im abendländischen Europa haben ihre Quelle im Feld der logischen Immanenz, die der Aufklärung eigen ist«, Robert Kurz, *Critique de*

la démocratie balistique, Paris 2006, S. 36–37. Zu Teilhard de Chardin siehe Fabrice Flipo, *Justice, nature et liberté. Les enjeux de la crise écologique*, Lyon 2007, S. 201.

5 Djémil Kessous (Hrsg. u. Autor), *La Révolution moderne*, o. O., 2006, S. 54.

6 Siehe zum Beispiel den Angriff von Françoise Héritier gegen den kulturellen Relativismus, »La femme comme question politique«, in der Brüsseler Zeitung *Le Soir* vom 2. Mai 2007.

7 Annamaria Rivera, *La guerra dei simboli. Veli postcoloniali e retoriche sull' alterità*, Bari 2005, S. 60.

8 Claudio Marta, *Relazioni interetniche. Prospettive antropologiche*, Neapel 2005.

9 So schrieb der italienische Journalist Angelo Panebianco nach den Anschlägen auf das World Trade Center bezeichnenderweise: »Sollte der Krieg gegen den Terrorismus Jahre andauern, dann muss man sich auch darauf einstellen, den Hauptverbündeten […] von Bin Laden und Konsorten im Abendland zu neutralisieren, ihre wertvollste ›fünfte Kolonne‹: den Kulturrelativismus«, in: Annamaria Rivera, a. a. O., S. 66.

10 A. a. O., S. 67.

11 »Il pensiero vuoto dei ›neocons‹ italiani«, *L'Unità*, 25. August 2005, zitiert nach Annamaria Rivera, a. a. O., S. 69.

12 Ähnlich drastisch mahnt Wassyla Tamzali, dem »Kulturrelativismus, der merkwürdigerweise auch in den Reihen der intellektuellen Linken blüht, den Hals umzudrehen«, zitiert von Annamaria Rivera, a. a. O., S. 90.

13 General de Gaulle bestand anscheinend gegenüber dem französischen Juristen René Cassin, dem Vater der Erklärung, darauf, den Begriff »universell« statt des zuvor angedachten »international« zu verwenden.

14 Zitiert nach Annamaria Rivera, a. a. O., S. 90.

15 Michel Dias, »Un idéalisme politique«, *Entropia* Nr. 1.

16 Siehe Vittorio Lanternari, *Ecoantropologia. Dall'ingerenza ecologica alla svolta etico-culturale*, Bari 2003.

17 Zitiert nach Vittorio Lanternari, *Ecoantropologia. Dall'ingerenza ecologica alla svolta etico-culturale*, Bari 2003, S. 330.

18 Siehe den Schluss meines Buches *Le Pari de la décroissance*, a. a. O., Paris 2006.

19 Bekanntlich ist die Popularität von Webers Diktum weitgehend einem Missverständnis zuzuschreiben. Wenn er von »Entzauberung« spricht, dann meint er ähnlich wie Auguste Comte ganz einfach, dass in der modernen Welt magische Erklärungen durch wissenschaftliche ersetzt werden. Das hat in seinen Augen nicht nur, aber weitgehend positive Folgen. Die Wissenschaft kann die Welt auch ohne Aberglaube verzaubern. Die Banalisierung von »Wundern« ist dabei allerdings unausweichlich.

20 Jacques Godbout, »Les conditions sociales de la création en art et en sciences«, in: *Revue du MAUSS* Nr. 24; »Une théorie sociologique générale est-elle pensable?«, *La Découverte*, 2. Halbjahr 2004, S. 420. Abgedruckt auch in *Ce qui circule entre nous. Donner, recevoir, rendre*, Paris 2007, S. 72.

21 Ebd.

Zitierte und weiterführende Literatur

Werke / Hauptquellen

Aime, Marco: Gli specchi di Gulliver. In difesa del relativismo, Turin 2006.

Ariès, Paul: Décroissance ou barbarie, Lyon 2005.

Attac: Pauvreté et inégalités, ces créatures du néolibéralisme, Paris 2006.

Attali, Jacques; Vincent Champain: Activité, emploi et recherche d'emploi: changer de paradigme pour supprimer le chômage. In: Fondation Jean-Jaurès, Nr. 15, November 2005.

Aubertin, Catherine; Franck-Dominique Vivien (Hrsg.): Le Développement durable. Enjeux politiques, économiques et sociaux, Paris 2006.

Aubin, Jean: Croissance: l'impossible nécessaire, Le Theil 2003.

Bailly, Emmanuel: Le concept de l'Écorégion ou comment restaurer le système immunitaire des régions. In: Bulletin Ligne d'horizon, Nr. 36, August/September 2006.

Barras, Béatrice: Moutons rebelles: Ardelaine, la fibre du développement local, Valence 2002.

Baudrillard, Jean: Nique ta mère!, Kommentar in der Libération, 18. November 2005 (Wiederabdruck 7. März 2007).

Bauman, Zygmunt: Le Coût humain de la mondialisation, Paris 1999.

Ders.: Lavoro, consumismo e nuove povertà, Troina 2004.

Belpomme, Dominique: Avant qu'il ne soit trop tard, Paris 2007.

Ders.: Ces maladies créées par l'homme, Paris 2004.

Benoist, Alain de: Comunità e Decrescita. Critica della Ragion e Mercantile, Bologna 2006.

Berlinguer, Enrico: Austerità. Occasione per trasformare l'Italia (Le conclusioni al convegno degli intellettuali e all' assemblea degli operai comunista), Rom 1977.

Berthoud, Arnauld: Une philosophie de la consommation. Agent économique et sujet moral, Villeneuve d'Ascq 2005.

Besset, Jean-Paul: Comment ne plus être progressiste … sans devenir réactionnaire, Paris 2005.

Besson-Girard, Jean-Claude: Decrescendo cantabile. Petit manuel pour une décroissance harmonique, Lyon 2005.

Bevilacqua, Piero: La terra è finita. Breve storia dell'ambiente, Rom 2006.

Blanc, Jérôme (Hrsg.): Exclusion et liens financiers, Monnaies sociales, Bericht 2005–2006, Economica 2006.

Bologna, Gianfranco (Hrsg.): Italia capace di futuro, WWF-EMI, Bologna 2001.

Bonaiuti, Mauro: La teoria bioeconomica. La »nuova economía« di Nicholas Georgescu-Roegen, Rom 2001.

Ders.: Nicholas Georgescu-Roegen. Bioeconomia. Verso un'altra economia ecologicamente e socialmente sostenible, Turin 2003.

Bonesio, Luisa: Paysages et sens du lieu, in: Éléments, Nr. 100, März 2001, Une réponse à la mondialisation: le localisme.

Bonora, Paola: Sistemi locali territoriali, transcalarità e nuove regole della democrazia dal basso, in: Marson, Anna (Hrsg.): Il progetto di territorio nella città metropolitana, Florenz 2006.

Bookchin, Murray: Pour un municipalisme libertaire, Lyon 2003.

Ders.: L'ecologia della libertà, Mailand 1988.

Ders.: Per una società ecologica, Mailand 1989.

Ders.: Democrazia diretta, Mailand 1993.

Brown, Lester R.: Blueprint for a Better Planet, Hendersonville 2004.

Ders.: Éco-économie, une autre croissance est possible, écologique et durable, Paris 2003.

Ders.: Plan B: Come affrontare la crisi alimentare incipiente, in: Masullo, Andrea (Hrsg.): Economia e Ambiente. La sfida del terzo millennio, Bologna 2005.

Brune, François: De l'idéologie aujourd'hui, Lyon 2004.

Ders.: La Frugalité heureuse: une utopie?, in: Entropia, Nr. 1.

Bruni, Luigino: L'economia e i paradossi della felicita, in: Sacco, Pier Luigi und Stefano Zamagni (Hrsg.): Complessita' relazionale e comportamento economico, Bologna 2002.

Cacciari, Paolo: Pensare la decrescita. Sostenibilità ed equità, Neapel 2006.

Caillé, Alain: Dé-penser l'économique. Contre le fatalisme, Paris 2005.

Canfin, Pascal: L'Économie verte expliquée à ceux qui n'y croient pas, Paris 2006.

Castoriadis, Cornelius: L'Écologie contre les marchands, in: Une société à la dérive, Paris 2005.

Ders.: La Montée de l'insignifiance, Les carrefours du labyrinthe IV, Paris 1996.

Chanial, Philippe: Une fois commune: démocratie, don et éducation chez John Dewey, in: Revue du MAUSS, Nr. 28, 2. Halbjahr 2006, Paris 2006.

Charbonneau, Bernard: Une seconde nature, Pau 1981.

Charbonneau, Simon; Jean Morestier: Résister à la croissance des grandes infrastructures de transport, in: Entropia, Nr. 2.

Ders.: Droit communautaire de l'environnement, bearbeitete Neuausgabe, Paris 2006.

Cheynet, Vincent und Denis: La décroissance pour l'emploi, La Décroissance, Nr. 3, Juli 2004.

Cicolella, André; Dorothée Benoit-Browaeys: Alertes santé, Paris 2005.

Clément, Gilles; Louisa Jones: Une écologie humaniste, Paris 2006.

Clerc, Denis: Peut-on faire l'économie de l'environnement?, in: Cosmopolitiques, Nr. 13, 2006.

Cochet, Yves und Agnès Sinaï: Sauver la terre, Fayard, Paris 2003.

Cochet, Yves: Pétrole apocalyse, Paris 2005.

Dahl, Robert A.: I dilemmi della democrazia pluralista, Mailand 1988.

Decrop, Geneviève: Redonner ses chances à l'utopie, Utopia, Nr. 1.

Development Dictionary (The), London 1992.

Dias, Michel: Un idéalisme politique, Entropia, Nr. 1.

Duclos, Denis: La cosmocratie, nouvelle classe planétaire, Le Monde diplomatique, August 1997.

Dumouchel, Paul; Jean-Pierre Dupuy: L'Enfer des choses, Paris 1979.

Dupuy, Jean-Pierre: Pour un catastrophisme éclairé. Quand l'impossible est certain, Paris 2002.

Dupuy, Jean-Pierre; Jean Robert: La Trahison de l'opulence, Paris 1976.

Duval, Guillaume: L'impasse de la décroissance, Cosmopolitiques, Nr. 13, 2006.

Ellul, Jacques: Les Successeurs de Marx, Paris 2007.

Ders.: Métamorphose du bourgeois, Paris 1998.

Esteva, Gustavo: Celebration of Zapatismo, Multiversity and Citizens International, Penang 2004.

Esteva, Gustavo; M. S. Prakash: Grassroots Postmodernism: Remaking the Soil of Cultures, London 1998.

Flahaut, François: Le Paradoxe de Robinson. Capitalisme et société, Paris 2005.

Flipo, Fabrice: Pour l'altermondialisme. Une réponse à Isaac Johsua, Internet-Dokument.

Fotopoulos, Takis: Vers une démocratie générale. Une démocratie directe, économique, écologique et sociale, Paris 2001.

Georgescu-Roegen, Nicholas: La Décroissance: entropie, écologie, économie, vorgestellt und übersetzt von Jacques Grinevald und Ivo Rens, Paris 1994.

Gesualdi, Francesco: Sobrietà. Dallo spreco di pochi ai diritti per tutti, Mailand 2005.

Gevaert, Pierre: Alerte aux vivants et à ceux qui veulent le rester, Paris, 2006.

Godbout, Jacques: Les conditions sociales de la création en art et en sciences, in: Revue du MAUSS, Nr. 24, Une théorie sociologique générale est-elle pensable?, Paris 2004.

Gorz, André: Capitalisme, socialisme, écologie. Désorientations, orientations, Paris 1991.

Ders.: Kritik der ökonomischen Vernunft: Sinnfragen am Ende der Arbeitsgesellschaft, Zürich 2010.

Ders.: Écologie et liberté, Paris 1977.

Granstedt, Ingmar: Peut-on sortir de la folle concurrence? Petit manifeste à l'intention de ceux qui en ont assez, Paris 2006.

Gras, Alain: Fragilité de la puissance, Paris 2003.

Ders.: Internet demande de la sueur, in: La Décroissance, Nr. 35, Dezember 2006.

Grinevald, Jacques: Histoire d'un mot. Sur l'origine de l'emploi du mot décroissance, in: Entropia, Nr. 1, Oktober 2006.

Guibert, Bernard; Serge Latouche (Hrsg.): Antiproductivisme, altermondialisme, décroissance, Lyon 2006.

Harribey Jean-Marie: Développement durable: le grand écart, in: L'Humanité, 15. Juni 2004.

Hazard, Paul: Le Malaise américain, 1931.

Héritier, Françoise: La femme comme question politique, in: Le Soir, Brüssel, 2. Mai 2007.

Hoogendijk, Willem: The Economic Revolution. Towards a Sustainable Future by Freeing the Economy from Money-Making, Utrecht 1991.

Ders.: Let's Stop the Tsunamis, Utrecht 2005.

Ders.: Let's Regionalise the Economy – and Cure Ourselves of a Host of Ills!, Manuskript, April 2003.

Hulot, Nicolas (Stiftung): Pressedossier zu Pour un pacte écologique.

Ders.: Pour un pacte écologique, Paris, 2006.

Illich, Ivan: L'enseignement: une vaine entreprise; Énergie et équité, in: Oeuvres complètes, Band 1, Paris 2004.

Ders.: Entschulung der Gesellschaft – Eine Streitschrift, München 2003.

Ders.: Die Nemesis der Medizin: Die Kritik der Medikalisierung des Lebens, München 2007.

Ders.: Des choix hors économie: pour une histoire du déchet; Le genre vernaculaire; Disvaleur, in: OEuvres complètes, Band 2, Paris 2005.

Ders.: L'origine chrétienne des services, in: La Perte des sens, Paris 2004.

Ders.: La Convivialité, Paris 1973.

Jacob, Jean: L'Antimondialisation. Aspects méconnus d'une nébuleuse, Paris 2006.

Jacquard, Albert: L'Équation du Nénuphar, Paris 1998.

Jacquiau, Christian: Les Coulisses du commerce équitable, Paris 2006.

Jouvenel, Bertrand de: Arcadie, Essai sur le mieux vivre, Paris 1968.

Kempf, Hervé: Comment les riches détruisent la planète, Paris 2007.

Kessous, Djémil (Hrsg. & Autor): La Révolution moderne, 2006.

Kurz, Robert: Critique de la démocratie balistique, Paris 2006.

Langlois, Bernard: im Blog von Politis am 14. Dezember 2006.

Lanternari, Vittorio: Ecoantropologia. Dall'ingerenza ecologica alla svolta etico-culturale, Bari 2003.

Latouche, Serge: En finir une fois pour toute avec le développement, in: Le Monde diplomatique, Mai 2001.

Ders.: L'Autre Afrique. Entre don et marché, Paris 1998.

Ders.: Survivre au développement, Paris 2004.

Ders.: Justice sans limites. Le défi de l'éthique dans une économie mondialisée, Paris 2003.

Ders.: L'Invention de l'économie, Paris 2005.

Ders.: Le Pari de la décroissance, Paris 2006.

Leclair, Bertrand: L'Industrie de la consolation. La littérature face au cerveau global, Paris 1998.

Lefebvre, Henri: La Vie quotidienne dans le monde moderne, Paris l968.

Lietaer, Bernard: Des monnaies pour les communautés et les régions biogéographiques: un outil décisif pour la redynamisation régionale au XXIe siècle, in: Jérôme Blanc (Hrsg.): Exclusion et liens financiers. Monnaies sociales, Rapport 2005–2006, Economica, Paris 2006.

Ligne d'horizon (Kollectiv): Défaire le développement, refaire le monde, Kolloquium der Unesco, Lyon 2002.

Lipovetsky, Gilles: Le Bonheur Paradoxal, essai sur la société d'hyperconsommation, Paris, 2006.

Lulek, Michel: Scions … travaillait autrement? Ambiance bois, l'aventure d'un collectif autogéré, Valence 2003.

Magnaghi, Alberto: Le Projet local, Sprimont 2003.

Marson, Anna (Hrsg.): Il progetto di territorio nella città metropolitana, Florenz 2006, besonders ihr Beitrag: Dalla città metropolitana alla (bio) regione urbana.

Mansholt, Sicco: La Crise, Paris 1974.

Maris, Bernard: Antimanuel d'économie, Band 2: Les Cigales, Paris 2006.

Marta, Claudio: Relazioni interetniche. Prospettive antropologiche, Neapel 2005.

Martin, Hervé-René: Éloge de la simplicité volontaire, Paris 2007.

Martin, Douglas: Murray Bookchin, 85, Writer, Activist and Ecology Theorist, Dies, in: New York Times, 7. August 2006.

Martinez Alier, Joan: Che cos'è l'economia ecologica, in: Andrea Masullo, Dal mito della crescita al nuovo umanesimo. Verso un nuovo modello di sviluppo sostenibile, Grottaminarda 2004.

Martinez Alier, Joan; J. M. Naredo: A marxist Precursor to Energy Economics: Podolinsky, in: Journal of Peasant studies, Nr. 9, 1982.

Masullo, Andrea: Dal mito della crescita al nuovo umanesimo. Verso un nuovo modello di sviluppo sostenibile, Grottaminarda 2004.

Ders.: Il pianeta di tutti. Vivere nei limiti perchè la terra abbia un futuro, Bologna 1998.

Meadows, Donella H.; Jorgen Randers; W. Behrens: The limits to Growth. A report for The Club of Rome's Project on the Predicament of Mankind, New York 1972.

Ders.: Beyond the limits to growth, an update, Boston 1992 & Limits to Growth: the 30 year Update, Boston 2004.

Méda, Dominique: Le Travail, une valeur en voie de disparition, Paris, 1995.

Ders.: Notes pour en finir vraiment avec la fin du travail, in: Revue du MAUSS, Nr. 18, 2. Halbjahr 2001.

Mill, John Stuart: Grundsätze der politischen Oekonomie, 1869, john-stuart-mill.pdf.

Monestier, Jean: Décroissance et travail, in: Entropia, Nr. 2, Comment sortir de l'industrialisme? & La grande illusion des aéroports régionaux, in: Fil du Conflent, Nr. 14, Prades, April/Mai 2007.

Mothé, Daniel: L'Utopie du temps libre, Paris, 1977, (hier nach der italienischen Ausgabe zitiert: L'utopia del tempo libero, Turin 1998).

Mühlstein, Philippe: Les ravages du mouvement perpétuel, in: Le Monde diplomatique, Januar 2005.

Napoleoni, Claudio: Cercare ancora. Lettera sulla laicità e ultimi scritti, Roma 1990.

Narboni, Camilla: Sull'incuria della cosa: considerazioni filosofiche sui rifiuti e sul mondo saccheggiato, Université de Pavie 2006.

Nicolino, Fabrice; François Veillerette: Pesticides, révélations sur un scandale français, Paris 2007.

Pallante, Maurizio: La decrescita felice. La quantità della vita non dipende dal PIL, Rom 2005.

Ders.: Un futuro senza luce?, Rom 2004.

Panikkar, Raimon: Pour un pluriversalisme, Lyon 2007.

Paquot, Thierry: Petit manifeste pour une écologie existentielle, Paris 2007.

Ders.: Éloge du luxe. De l'utilité de l'inutile, Paris 2005.

Ders.: Terre urbaine. Cinq défis pour le devenir urbain de la planète, Paris 2006.

Ders.: Utopies et utopistes, Paris 2007.

Partant, François: Que la crise s'aggrave!, Neuauflage und mit einem Vorwort von José Bové und einem Nachwort von Serge Latouche, Lyon 2002.

Pasolini, Pier Paolo: Scritti corsari, Mailand 2005.

Perrot, Marie-Dominique u. a.: Ordres et désordres de l'esprit gestionnaire, Lausanne 2006, besonders Gilbert Rist, La nouvelle gestion publique peut-elle être sociale?

Petrini, Carlo: Militants de la gastronomie, in: Le Monde diplomatique, Juli 2006.

Prat, Jean-Louis: Introduction à Castoriadis, Paris 2007.

Rahnema, Majid: Quand la misère chasse la pauvreté, Paris 2003.

Ramaux, Christophe: Emploi: éloge de la stabilité. L'État social contre la flexi-curité, Paris 2006.

Rasmussen, Derek: Valeurs monétisées et valeurs non monétisables [Originalti-tel: The Priced versus the Priceless], in: Interculture (Montréal), Nr. 147, Oktober 2004, Le terrorisme de l'argent I.

Revel, Bernard: Journal de la pluie et du beau temps, Canet 2005.

Ridoux, Nicolas: La Décroissance pour tous, Lyon 2006.

Rifkin, Jeremy: Das Ende der Arbeit und ihre Zukunft, Frankfurt a. M./New York 1995.

Rist, Gilbert: La nouvelle gestion publique peut-elle être Sociale?, in: Marie-Dominique Perrot u. a., Ordres et désordres de l'esprit gestionnaire, Lausanne 2006.

Rivera, Annamaria: La guerra dei simboli. Veli postcoloniali e retoriche sull' alterità, Bari 2005.

Robin, Jacques: Quand le travail quitte la société post-industrielle, Paris 1994.

Rotillon, Gilles: L'économie de l'environnement définit un espace de négociation rationnel, in: Cosmopolitiques, Nr. 13, 2006.

Rougemont, Denis de: L'Avenir est notre affaire, Paris 1977.

Ruffolo, Giorgio: Crescita e sviluppo: critica e prospettive, in: Falconara/Macerata 8/9, novembre 2006.

Salhins, Marshall: Âge de pierre, âge d'abondance. L'économie des sociétés primitives (1972), Paris 1976.

Sas, Eva: Conversion écologique de l'économie: quel impact sur l'emploi?, in: Cosmopolitiques, Nr. 13, 2006.

Singleton, Michael: Le coût caché de la décroissance, in: Entropia, Nr. 1.

Stern, Nicholas: The Economics of Climate Change, Executive summary, www.sternreview.org.uk, Herbst 2006.

Tanguy, Philippe: Pauvreté et cohésion sociale en Mauritanie. Construction sociale et fonction d'une catégorie stigmatisante: la pauvreté, in: Maghreb-Machreck, Nr. 190, 2007.

Tarde, Gabriel: Fragment d'histoire future, Genf 1980.

Tertrais, Jean-Pierre: Du développement à la décroissance. De la nécessité de sortir de l'impasse suicidaire du capitalisme, Paris, Januar 2004, Neuausgabe 2006.

Testart, Jacques, Le Vélo: le Mur et le Citoyen. Que reste-t-il de la science?, Belin/Paris 2006.

Tévoédjrè, Albert: Armut – Reichtum der Völker, Wuppertal 1982.

Tomkins, Richard: Welcome to the age of less, in: Financial Times, 10. November 2006.

Traoré, Aminata: Le Viol de l'imaginaire, Paris 2002.

Veblen, Thorstein: Theorie der feinen Leute, Frankfurt a. M. 1997.

Virilio, Paul: L'Espace critique, Paris 1984.

Ders.: La Vitesse de libération, Paris 1995.

Wackernagel, Mathis: Il nostro pianeta si sta esaurendo, in: Andrea Masullo (Hrsg.): Economia e Ambiente. La sfida del terzo millennio, Bologna 2005

Wackernagel, Mathis u. a.: Tracking the ecological overshoot of the human economy, in: Proceedings of the National Academy of Sciences USA, Vol. 99, Nr. 14, 9. Juli 2002.

Waal, Frans de: Der Affe in uns. Warum wir sind, wie wir sind, München 2009.

WWF: Planète vivante 2006 (Bericht).

Zanotelli, Alex: Avec ceux qui n'ont rien, Paris 2006.

Zin, Jean: Les limites de la décroissance, Interview in: La Décroissance, 13. Januar 2006.

Zeitungen und Zeitschriften

Bulletin Ligne d'horizon, Nr. 36, August/September 2006.

Cahier de l'IUED, Nr. 14, Brouillons pour l'avenir: contributions au débat sur les alternatives, Paris/Genf 2003.Campagnes solidaires, Monatszeitschrift der Confédération paysanne, Nr. 182, Februar 2004.

Peut-on faire l'économie de l'environnement?, in: Cosmopolitiques, Nr. 13, 2006.

La Décroissance. Le journal de la joie de vivre, von Casseurs de pub, 11 place Croix-Pâquet, 69001 Lyon.

L'Écologiste, Nr. 8, Oktober 2002; Nr. 14, Oktober 2004; Nr. 20, September bis November 2006.

Entropia, bei Parangon, Lyon, Nr. 1, Décroissance et politique, November 2006, Nr. 2, Travail et décroissance, März 2007.

Le Figaro, 24. März 2006.

Financial Times, 10. November 2006.

Le Monde, 22. November 1991, 2. April 1996, 16. Februar 2002, 19. Juni 2003, 14. Februar 2004, 11. April 2004, 12. April 2004, 16./17. Juni 2005, 30. Juli 2006.

Le Monde diplomatique, Mai 2001, Juli 2004, Januar 2005.

Le Nouvel Économiste, 26. März 2004.

Le Nouvel Observateur, 12. bis 18. Juni 1972.

Libération, 8. Februar 2002, 27. Juni 2005.

Politis, 11. Dezember 2003, 14. Dezember 2006.

Revue du MAUSS, Nr. 24, Une théorie sociologique générale est-elle pensable?, in: La Découverte, 2. Halbjahr 2004.

Silence, La peur de la décroissance, Nr. 280, Februar 2002; Écologie – Alternative – Non violence, Nr. 302, Oktober 2003.

Le Soir de Bruxelles, 2. Mai 2007.

Vert contact, Nr. 709, April 2004.

Auszug meiner Veröffentlichungen (Artikel und Interviews) zum Thema »Degrowth«

Décroissance, in: Le Dictionnaire des sciences humaines, unter der Leitung von Sylvie Mesure und Patrick Savidan, Paris 2006.

Le changement de cap ne se fera pas sans douleur, Interview in: Peut-on faire l'économie de l'environnement?, Cosmopolitiques, Nr. 13, 2006.

La décroissance, pourquoi?, in: Vert Contact, Nr. 709, (Debatte Lipietz), April 2004.

Pédagogie des catastrophes, in: La Décroissance, Nr. 1, März 2004.

Pour une politique de décroissance des transports, in: La Décroissance, Nr. 2, März/April 2004.

Antiproductivisme, Décroissance, Développement durable et Post développement, Centre Thomas More, La Tourette, Februar 2004.

Pour une société de décroissance, in: Le Monde diplomatique, November 2003.

Il faut jeter le bébé plutôt que l'eau du bain, in: IUED, Nouveaux Cahiers, Nr. 14, Brouillons pour l'avenir, contributions au débat sur les alternatives (mit meiner Antwort auf Christian Coméliau), 2003.

Dossier sur la décroissance, im Gespräch mit René Passet, in: Politis, 11. Dezember 2003.

Pourquoi la décroissance? Le cas aberrant des transports, Vert Contact, 2003.

Contre l'ethnocentrisme du développement. Et la décroissance sauvera le Sud …, in: Le Monde diplomatique, November 2004.

La décroissance comme préalable et non comme obstacle à une société conviviale, Kolloquium in Lyon, September 2003.

Les »décroisssants«: consommer moins, économiser l'énergie, in: Enjeux les Échos, Nr. 208, Dezember 2004.

Objectif décroissance: La croissance en question, in: Campagnes solidaires, Monatszeitschrift der Confédération paysanne, Nr. 182, Februar 2004.

La foi irrationnelle dans le progrès balaie toute objection, Interview, CIO Stratégie et Technologie, März 2005.

Écofascisme ou écodémocratie. Vers la décroissance, in: Le Monde diplomatique, November 2005.

La décroissance comme condition d'une société conviviale, in: Cahiers Jacques Ellul, L'Économie, L'Esprit du temps, 2005.

Vivre simplement pour d'autres, simplement, puissent vivre, Interview, veröffentlicht in: Les Concentrés, journal de la confédération des organisations de jeunesse, Brüssel, November/Dezember 2005.

Penser une société de la décroissance, Interview mit Emmanuelle Martin, in: Alliance pour une Europe des consciences, Nr. 7, Januar 2006.

Interview über Degrowth, in: Ecorev, Revue critique d'écologie politique, Nr. 21, Herbst 2005.

Pour une renaissance du local, in: L'Écologiste, Nr. 15, April/Mai 2005.

La déraison de la croissance des transports, in: À bâbord!, Québec, Oktober/November 2005.

Interview zum Thema Degrowth, in: La Dynamo, Zeitschrift der APEAS, Nr. 37, September 2005.

Relocaliser l'économie, in: La Décroissance, Nr. 28, September 2005.

Le défi de la décroissance, in: Espace de liberté, Nr. 331, Brüssel, Mai 2005.

Sortir des pièges de l'effet rebond, in: Silence, Nr. 322, April 2005.

Nature et Progrès, (la revue de la bio), Nr. 55, November/Dezember 2005/2006. »Politique de décroissance: vivre localement«.

La decrescita, in: Giovanna Ricoveri (Hrsg.), Capitalismo

Natura socialismo, Mailand 2006.

La déraison de la croissance, in: L'Alpe, Nr. 32, (Zeitschrift der Museen des Dauphinois), 2006.

Faut-il avoir peur d'abandonner la course à la croissance?, Interview in: Alternatives non-violentes, Nr. 138, März 2006.

Interview, Jibrile, Nr. 6, Frühjahr 2006.

Über den Autor

Serge Latouche

ist emeritierter Professor für Wirtschafts-
wissenschaften der Universität Paris-Sud
(Orsay). Der Ökonom und Philosoph gilt
als einer der wichtigsten Vordenker des
französischen Konzepts der Wachstumsrücknahme, *décroissance*. Seine Bücher
wurden in zahlreiche Sprachen übersetzt,
seine Dossiers erscheinen regelmäßig in
der Monatszeitung *Le Monde diplomatique*.

Was uns wirklich glücklich macht

Lebenszufriedenheit hängt immer weniger von Geld und Besitz ab. Wichtig für persönliche Glücksgefühle sind soziale Fähigkeiten wie Kooperieren, Teilen oder sich für andere einsetzen – und sie finden immer öfter Eingang in unsere Arbeitswelt. Überall gründen Menschen Unternehmen und Initiativen, die nicht mehr auf Geld-, sondern auf Glückslogik basieren. Die Autorinnen berichten aus der bunten Welt der Glücksökonomie – von Verbraucherinnen, die Bio-Bauernhöfe mitfinanzieren oder Unternehmern, die bevorzugt Alleinerziehende beschäftigen.

A. Jensen, U. Scheub
Glücksökonomie
Wer teilt, hat mehr vom Leben

320 Seiten, Hardcover mit Schutzumschlag, 19,95 Euro, ISBN 978-3-86581-661-0
Auch als E-Book erhältlich.

oekom
Die guten Seiten der Zukunft